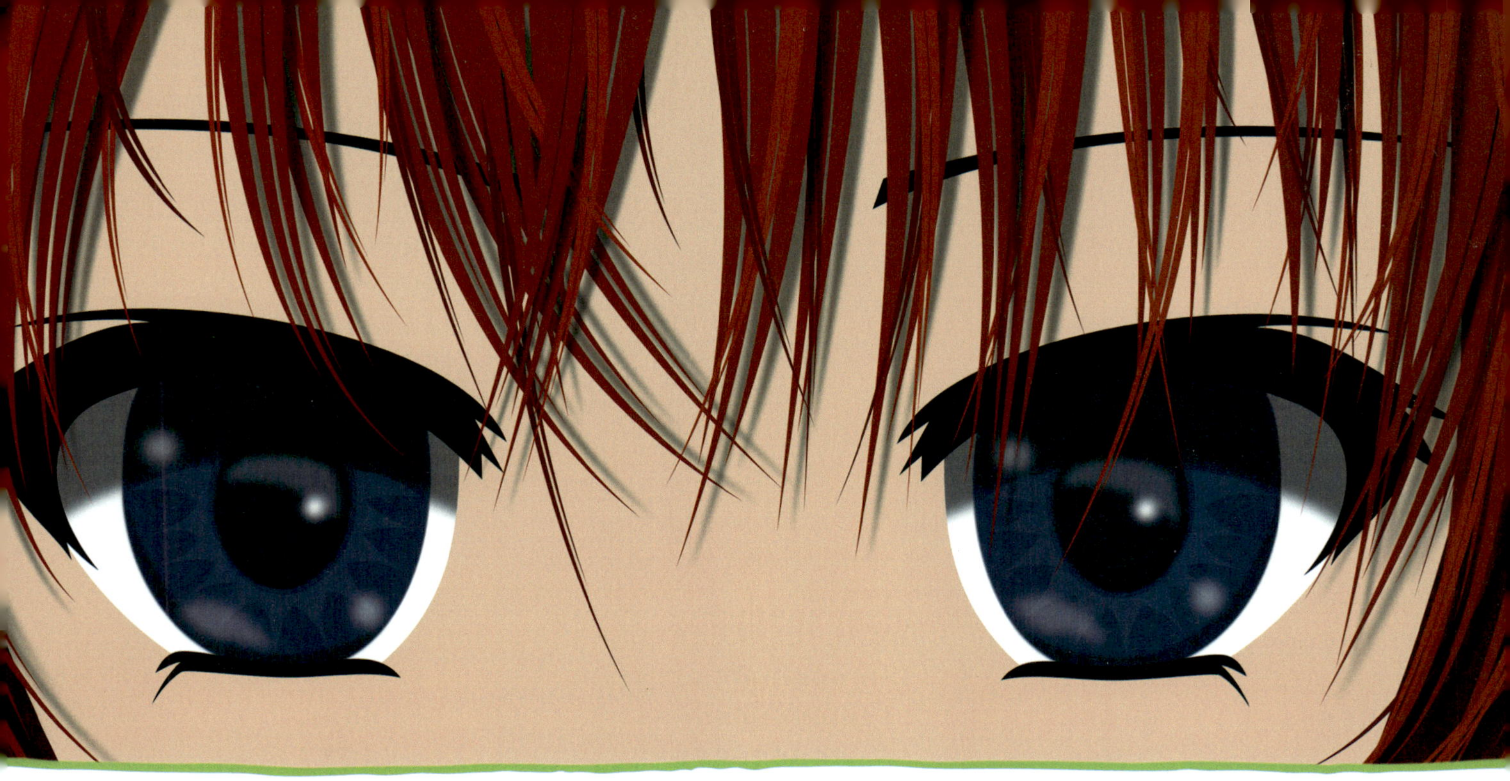

Comics und Manga zeichnen

Kopiervorlagen für den Kunstunterricht in der SEK I

Gerlinde Blahak

Verlag an der Ruhr

Impressum

Titel
Comics und Manga zeichnen
Kopiervorlagen für den Kunstunterricht in der SEK I

Autorin
Gerlinde Blahak

Titelbildmotiv
© ES-Design – Fotolia.com

Verlag an der Ruhr
Mülheim an der Ruhr
www.verlagruhr.de

Geeignet für die Klassen 5–10

Unser Beitrag zum Umweltschutz
Wir sind seit 2008 ein ÖKOPROFIT®-Betrieb und setzen uns damit aktiv für den Umweltschutz ein. Das ÖKOPROFIT®-Projekt unterstützt Betriebe dabei, die Umwelt durch nachhaltiges Wirtschaften zu entlasten. Unsere Produkte sind grundsätzlich auf chlorfrei gebleichtes und nach Umweltschutzstandards zertifiziertes Papier gedruckt.

ISBN 978-3-8346-2775-9
Printed in Germany

Inhaltsverzeichnis (1/2)

Inhaltsverzeichnis (2/2)

Manga

Gemeinschaftsarbeiten

Vorwort (1/2)

Comics und Manga erfreuen sich aus verschiedenen Gründen größter Beliebtheit bei den Schülern*:

- Sie erzählen in einem meist fröhlichen und spannenden Grundton Geschichten.
- Sie garantieren eine schnelle Arbeitsweise ohne viele Details.
- Für ihre Gestaltung genügt einfaches Handwerkszeug, wie Bleistift, Filzstift oder Buntstift.
- Das Zeichnen ist mithilfe von Zeichenvorlagen leicht erlernbar und somit werden auch schwächeren Schülern Erfolgserlebnisse vermittelt.

Was will dieses Buch?

Dieses Buch hat sich zum Ziel gesetzt, von den Schülern der verschiedenen Jahrgangsstufen bei jeder Aufgabe trotz häufig benutzter Schemata auch ein gewisses Maß an Flexibilität und Originalität zu verlangen. Das bedeutet, dass sie das Erlernbare durch kreative Elemente abwandeln müssen und so zum Schluss zu ganz individuellen Ergebnissen kommen. Da das Hauptaugenmerk auf der praktischen Umsetzung des Themas im Unterricht liegt, verzichtet das Buch auch auf eine eingehende Analyse bekannter Comicstrips. Deren Entwicklung wird in kurz gefassten Infoblättern zum Thema Comics und Manga angesprochen. Sie sind nicht als umfassende Sachanalyse, sondern als Kurzinformationen für die Hand der Schüler gedacht und vermitteln Basis-Wissen, das in den Kunstmappen der Schüler aufbewahrt werden sollte.

Raum für Schwerpunkte

Das Besondere an diesem Buch ist, dass nicht nur Zeichenanleitungen gegeben werden, sondern einzelne Elemente der Bildsprache als eigenständige Themen erarbeitet werden können. Es ist also möglich, den Schülern durch das Aufgreifen eines zeichnerischen Details (z. B. Augen, Münder, Köpfe) einen Einblick in die Gestaltungsmöglichkeiten des Comic zu geben, ohne dem Thema mehr Zeit und Stellenwert widmen zu müssen als im Lehrplan vorgesehen ist.

Der Trend Manga

Den bei den Schülern sehr beliebten Mangazeichnungen wurde ein gesondertes Kapitel gewidmet. Die Zeichenanleitungen in diesem Kapitel sollten als Vorübung bearbeitet werden. Darauf aufbauend können die Schüler sich dann an den beiden praktischen Übungen zu Manga versuchen.
Zum Schluss des Buches finden sich Vorschläge für Gemeinschaftsarbeiten, einer Arbeitsform, die in besonderer Weise Kooperations- und Teamfähigkeit fördert und auch im Fach Kunst hervorragend eingesetzt werden kann.

Aufbau des Buches

Lehrerhinweise

Zu jedem Thema finden Sie einleitend die Lehrerhinweise, die Ihnen einen Überblick über den zeitlichen Umfang, die Angabe der Klassenstufen und das benötigte Material

* Aus Gründen der besseren Lesbarkeit haben wir in diesem Buch durchgehend die männliche Form verwendet. Natürlich sind damit auch immer Frauen und Mädchen gemeint, also Lehrerinnen, Schülerinnen etc.

geben. Zudem finden Sie eine Kurzbeschreibung, in der Sie auf einen Blick sehen, worum es geht. Ein Bezug zum Lehrplan und Vorschläge zur Umsetzung runden diese Hinweise ab.

Arbeitsblätter

Es folgen Arbeitsblätter für die Hände der Schüler mit Übungen und Aufgaben zum jeweiligen Thema.

Zeichenvorlage

Dazu erhalten Sie zu den meisten Themen Zeichenvorlagen, mit deren Hilfe die praktische Arbeit noch besser gelingt.

Lösung

Zum Schluss erhalten Sie Bilder von beispielhaften Arbeiten als Lösung.

Auf den Lehrerhinweisseiten und den Arbeitsblättern sind als Anregung und Unterstützung Tipps und Hinweise gegeben, die bei der Bearbeitung der Aufgaben z. B. Abwandlungen oder Alternativen vorschlagen.
Welches Thema Sie auch wählen: Die Motivation und die Begeisterung Ihrer Schüler werden Ihnen sicher sein!

Gerlinde Blahak

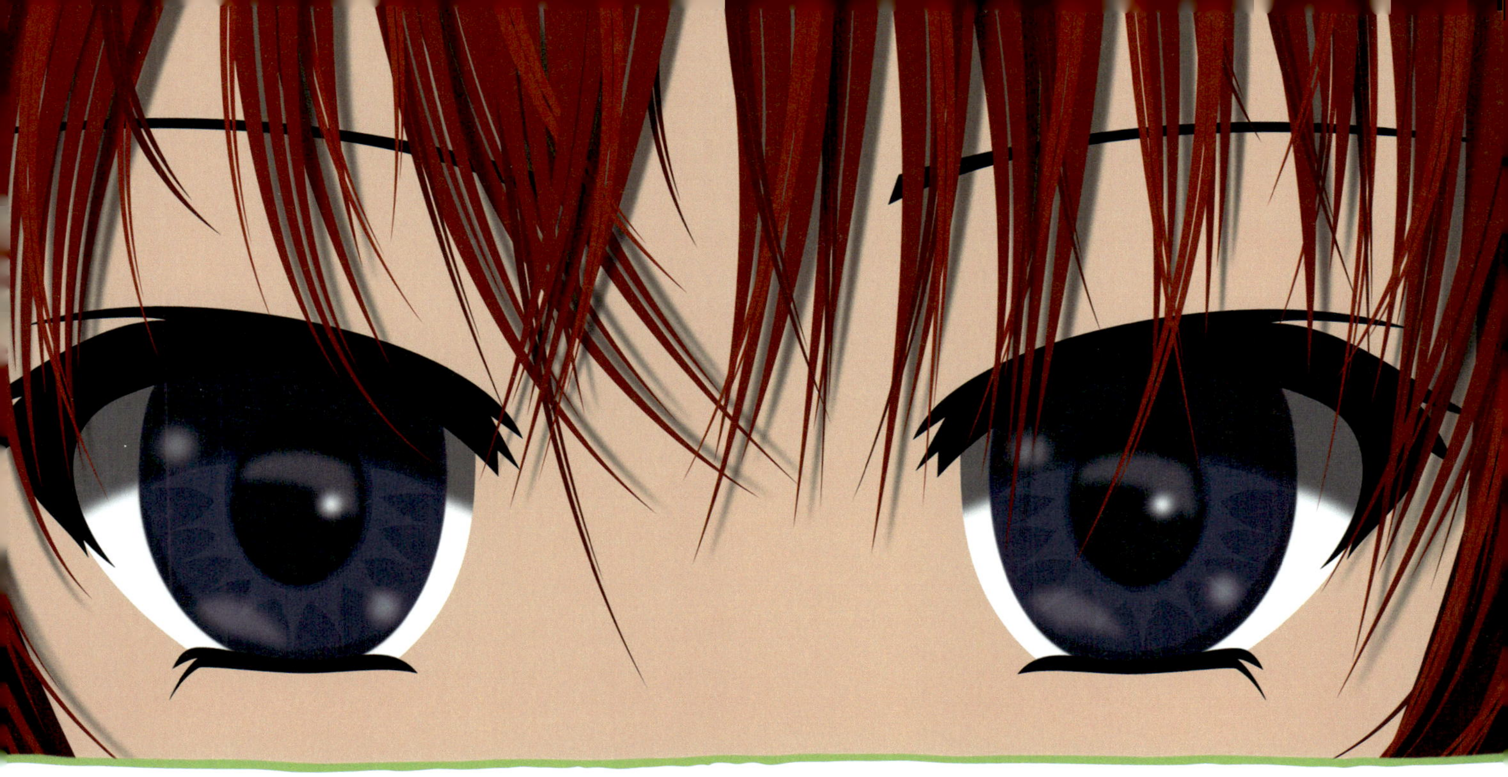

Comics

Personen zeichnen

Tiere zeichnen

Formsprache und Grafik

Gegenstände zeichnen

Infoblatt Comics

Das Wort „Comicstrip" kommt aus dem Englischen und bedeutet „lustiger, komischer Streifen".

Der erste Comic erschien bereits 1886 in den USA als farbige Bildergeschichte „Yellow Kid" in einer New Yorker Zeitung. Er richtete sich zunächst an erwachsene Leser.

Später wurden zunehmend Kinder und Jugendliche zur Zielgruppe: 1929 erschienen „Tarzan" und 1930 „Mickey Mouse", 1938 „Superman".

Wie bei Plakaten dienen einfache Bilderfolgen und spärliche Textinformation dem schnellen und problemlosen Wahrnehmen.

Künstler griffen die „Massenware Comic" auf. So vergrößerte und isolierte der Pop-Art-Künstler Roy Lichtenstein einzelne Bilder und gab ihnen so einen neuen Zusammenhang.

Fast die Hälfte aller Comics sind „Funny-Comics" (auch „Funnies"). Beispiele dafür sind Asterix, Donald Duck oder Snoopy, also lustige Figuren.

Daneben gibt es die „realen" Figuren, wie Superman, Tarzan oder Batman.

Comics aus Japan nennt man „Manga".

Die kleinste Einheit eines Comic ist das umrandete Einzelbild („Panel").

„Splash-Panel" heißt das erste Panel, das oft größer ist und den Ort des Geschehens sowie den Titel zeigt.

„Lettering" heißt das Schreiben der Texte in den Sprechblasen.

Sprechblasen („Balloons") werden in Leserichtung von links nach rechts angeordnet und dienen dazu, durch ihre Form, Randstärke und Buchstabenwahl Vorgänge zu verdeutlichen. Daneben gibt es auch Denk- und Geräuschblasen.

Onpos (von griechisch „Onomatopöie") sind lautmalende Worte, d.h. Laute und Geräusche werden als Schriftbild ausgedrückt (z.B. WUMM!, ÄCHZ!).

Augen – Im Kino läuft ein Gruselfilm

Zeitaufwand: 2 Doppelstunden

Jahrgangsstufe: 5–10

Material:
- schwarzes Tonpapier (DIN A4)
- weißes Papier (Reste)
- weißer Buntstift
- Bleistift
- schwarzer Filzstift
- Kopien des Arbeitsblattes „Augen – Im Kino läuft ein Gruselfilm" (2 Seiten) in Klassenstärke

Kurzbeschreibung:

Die Schüler zeichnen Zuschauer beim Betrachten eines Gruselfilms im Kino. Sie arbeiten die verschiedenen Gefühlsregungen durch weiße Papieraugenformen auf schwarzem Hintergrund sowie mit weißen Buntstiften heraus.

Lehrplanbezug:

1. Die Schüler erproben Augenformen für Comicfiguren als ein dominierendes Merkmal für mimische Ausdrücke und lernen eine Möglichkeit zur Überzeichnung/Typisierung/Klischeebildung im Comic kennen.
2. Sie beschäftigen sich mit der Wirkung des extremen Hell-Dunkel-Kontrasts von Weiß auf schwarzem Hintergrund.
3. Sie wenden das Prinzip „Staffelung" zum perspektivischen Aufbau des Bildes an.

Vorschläge zur Umsetzung:

1. Lassen Sie als Einstieg das Arbeitsblatt „Augen" bearbeiten. Regen Sie die Schüler zum Erfinden weiterer Darstellungsmöglichkeiten an.
2. Weisen Sie darauf hin, dass die Augen nur sehr sparsam durch weitere Gesichtszüge ergänzt werden sollen, da im Fokus die Gestaltung der Augen liegt.
3. Aneinandergereiht ergeben die Schülerarbeiten einen originellen Wandschmuck, der im Kunst- oder Klassenraum präsentiert werden kann.

Augen – Im Kino läuft ein Gruselfilm

1. Augen lassen sich aus einfachen Grundformen entwickeln. Versuche, sie nachzuzeichnen und die Einzelheiten noch etwas zu übertreiben.

Tipp: Achte – je nach dem Gefühl, das du auf dem Gesicht ausdrücken möchtest – auf die Lage der Pupillen und die Stellung der Augenbrauen!

a) aus Buchstaben

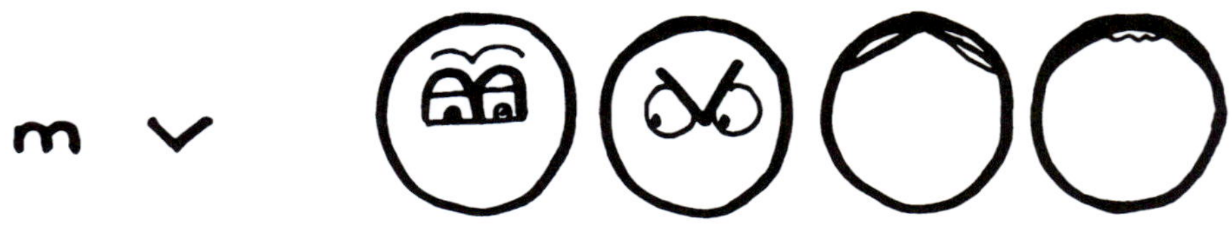

b) aus Kreisen oder Dreiecken

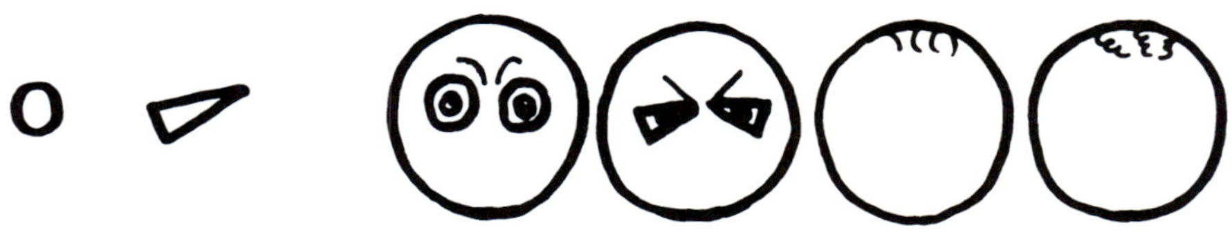

c) aus „Zitronen" oder „Eiern"

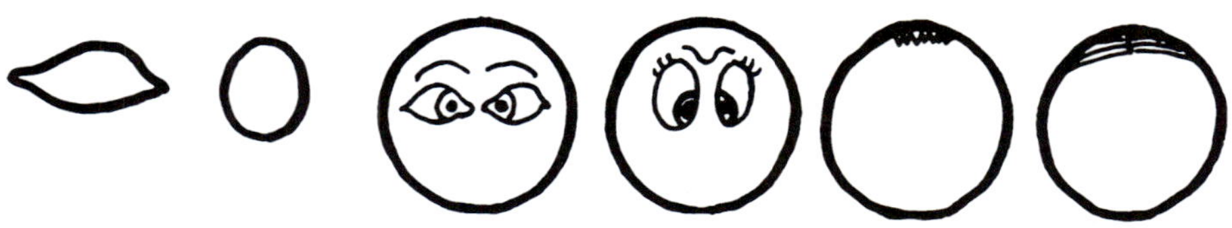

2. Welche Gefühlsregungen spiegeln folgende Gesichter wider?

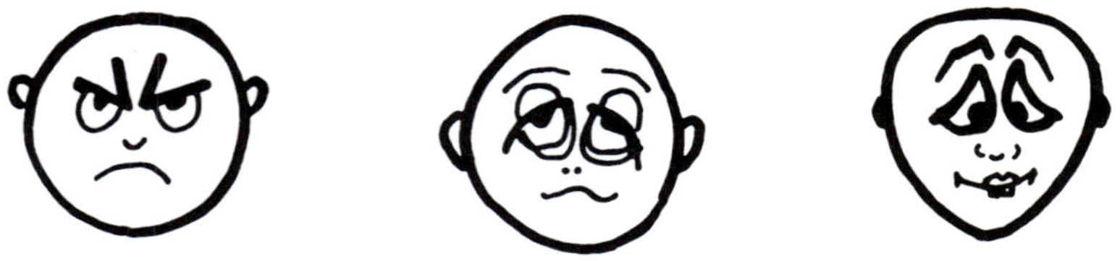

3. Zeichne selbst Gesichter, deren Mimik die folgenden Gefühle ausdrückt. Verwende dazu unten aufgeführte Details oder erfinde selbst welche!

- Freude
- Staunen
- Traurigkeit
- Erschrecken

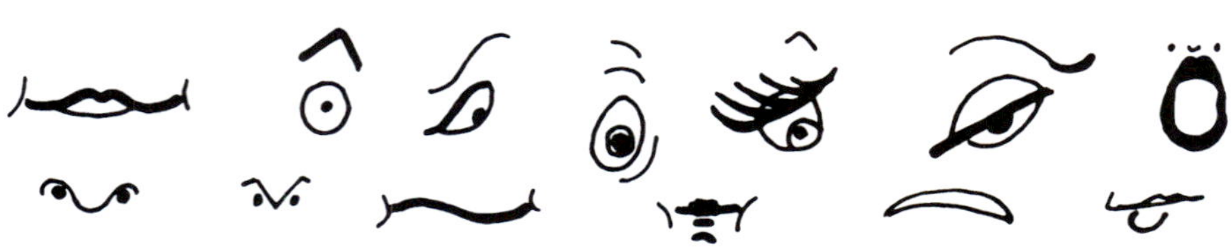

Augen – Im Kino läuft ein Gruselfilm

1. **Blatteinteilung:**
   Nimm ein Blatt schwarzes Tonpapier (DIN A4) senkrecht oder waagrecht. Schneide ein Augenpaar aus weißem Papier aus. Nimm das Papier doppelt, um symmetrische Formen zu erreichen. Klebe das Augenpaar noch nicht auf, sondern lege es nur auf das Tonpapier. Beginne am unteren Blattrand und lasse so viel Platz, dass du um das Augenpaar herum noch das restliche Gesicht zeichnen kannst.

2. **Augen und Gesicht:**
   Experimentiere mit der Position der Augen, bevor du sie aufklebst. Ergänze das Gesichtsoval.
   Stelle immer das Gesicht, das du gerade bearbeitest, ganz fertig, bevor du daneben oder dahinter ein zweites in Angriff nimmst.
   Verwende ganz verschiedene Augenformen und orientiere dich auch am Vorübungsblatt.

3. **Zeichnerische Details:**
   Zeichne mit schwarzem Filzstift Pupillen von unterschiedlicher Größe und Lage. Füge eventuell Augenlider oder Wimpern hinzu. Umrande die Augen mit einem schwarzen oder weißen Stift.
   Zeichne aussagekräftige Augenbrauen (weißer Stift) hinzu.
   Deute Nase, Mund und Ohren nur mit ganz einfachen Linien und Punkten an. Ergänze das Gesichtsoval. Versieh deine Köpfe mit Haaren, Mützen, Schleifen etc.
   Staffle verschiedene Köpfe hintereinander, so wie sie in einem Kinosaal auftauchen könnten. Das erweckt den Eindruck, dass der Raum perspektivisch auf den oberen Bildrand zuläuft. Deute auch Schultern und Halspartien an, um die Figuren plastisch erscheinen zu lassen.

Hinweis: Da es sich um Comicgesichter handelt, sind auch die Proportionen verändert: Die Augen erscheinen gegenüber der restlichen Gesichtsfläche riesig.

Tipp: Denke daran, dass es ein Gruselfilm ist, den die Zuschauer sich anschauen. Drücke die Gefühle, die man bei einem Gruselfilm hat, durch die Mimik aus.

Augen – Im Kino läuft ein Gruselfilm

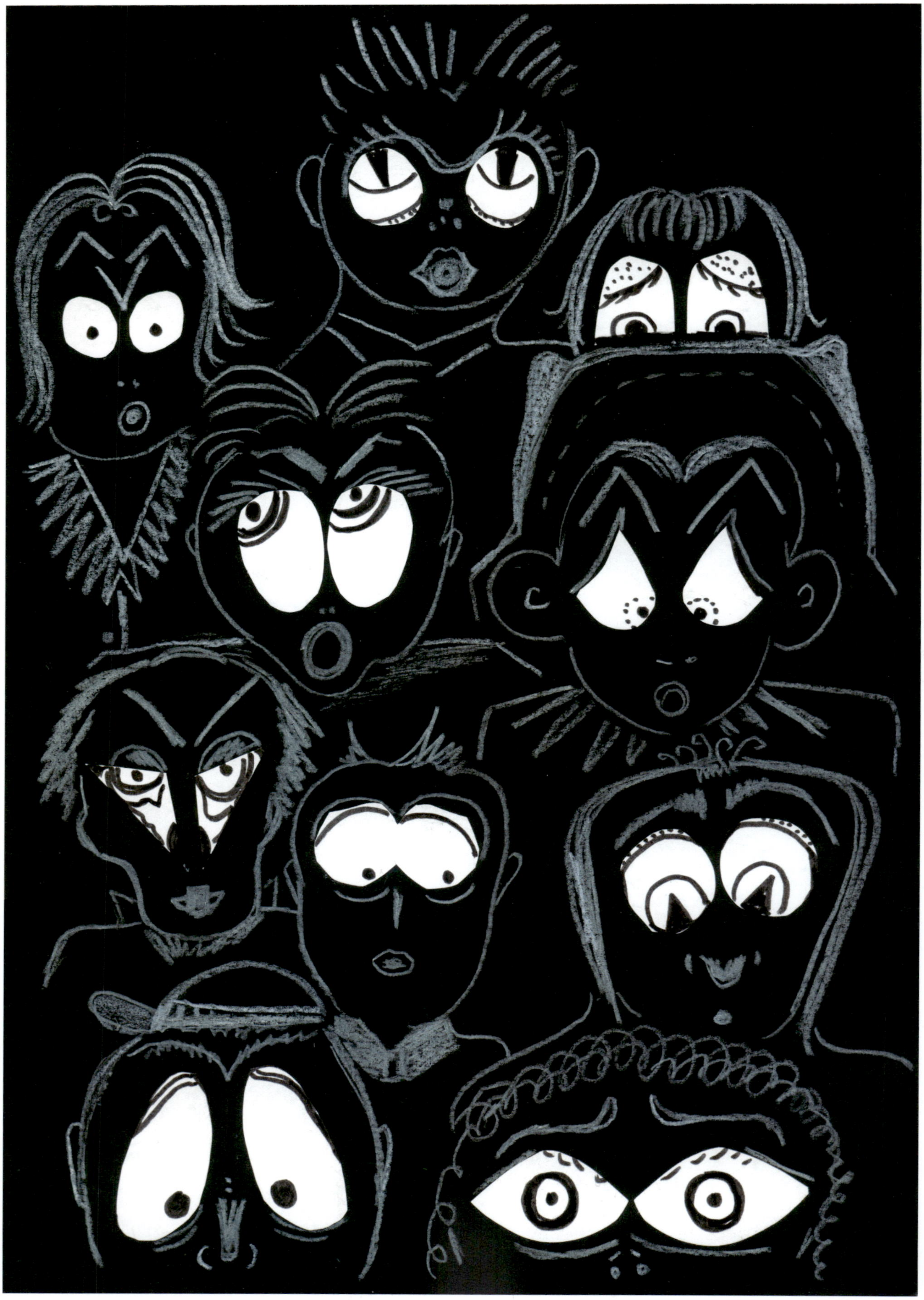

Nasen – Wettbewerb der Supernasen

Zeitaufwand: 3 Unterrichtsstunden

Jahrgangsstufe: 5–10

Material:
- weißes Zeichenpapier DIN A4
- Bleistift, Radiergummi
- Filzstifte
- Buntstifte
- Lineal
- Kopien des Arbeitsblattes „Nasen – Wettbewerb der Supernasen“ (2 Seiten) in Klassenstärke

Kurzbeschreibung:

Die Schüler entwerfen Comic-Köpfe, die ausgefallene Pappnasen für einen Wettbewerb tragen, sowie Zuschauer, die ebenfalls durch groteske Nasenformen auffallen. Die Zuschauer sitzen vor einem Bildschirm, auf dem sie die Teilnehmer des Wettbewerbs zum Thema „Nasen“ betrachten. Die Ausführung erfolgt mit Filzstiften nach einer Bleistiftvorzeichnung.

Lehrplanbezug:

1. Die Schüler beschäftigen sich mit der Darstellung und grotesken Übertreibung von Körperteilen (hier: Nasen) und erhalten somit einen Einblick in das Thema „Porträtkarikatur“. Sie setzen diese typisierenden Merkmale für die Darstellung von Charakteren und Verhaltensweisen ein und lernen eine Möglichkeit zur Überzeichnung/Typisierung/Klischeebildung im Comic kennen.
2. Sie setzen schwarze Umrisslinien, plakativen Farbeinsatz und flächige Darstellungsweisen als gestalterische Elemente des Comics ein.
3. Sie wenden das Prinzip „Groß und Klein“ zum perspektivischen Aufbau des Bildes an.

Vorschläge zur Umsetzung:

1. Lassen Sie als Erstes eine Aufteilung des Blattes (DIN A4) vornehmen. Es ist auch möglich, die Aufgabe im DIN-A3-Format zu lösen, was besonders jüngeren Schülern entgegenkommt.
2. Bei der Darstellung der Nasen sollen die Schüler stark übertreiben und Größenunterschiede der Nasen zwischen den Bewerbern mit ihren Pappnasen und denen des Publikums herausarbeiten.
3. Die deutliche farbige Hervorhebung der Pappnasen gegenüber der flächigen, linearen Gestaltung der restlichen Gesichtsflächen rückt nochmals das Thema „Nasen“ in den Mittelpunkt.

Nasen – Wettbewerb der Supernasen

1. Hier siehst du Nasen im Profil aus einer Linie. Ergänze die Reihe mit eigenen Ideen für auffällige Nasen!

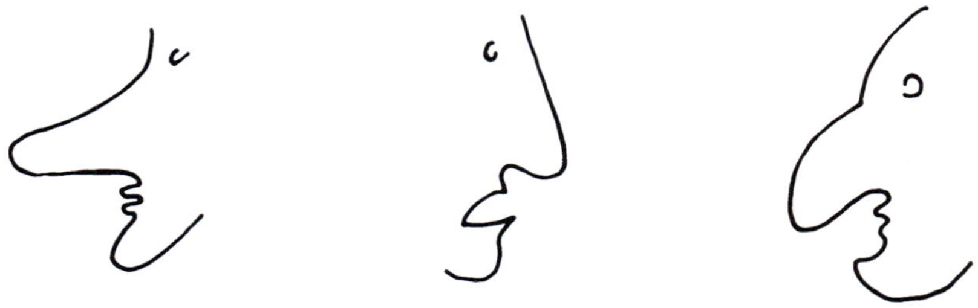

2. Eine andere Ansicht hast du, wenn du Nasen von vorn betrachtest. Ergänze die Reihe mit eigenen Ideen!

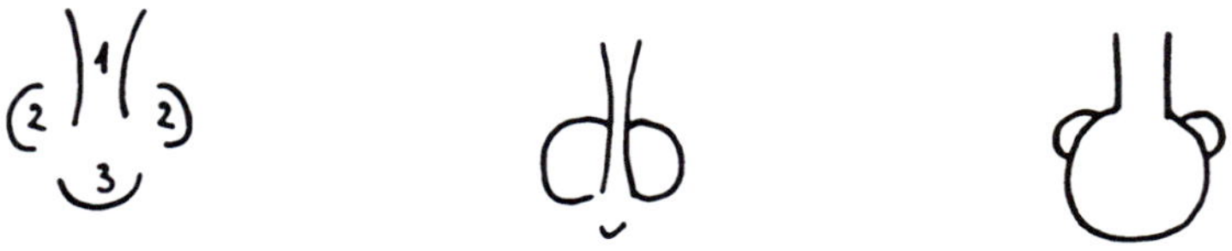

3. Immer der Nase nach! Augen und Mund folgen der Nasenrichtung.

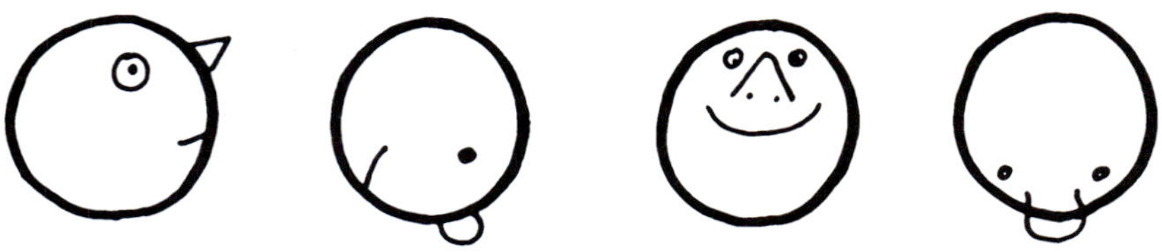

Zeichne nun selbst und beachte dabei die Einheit von Nase, Augen und Mund:

- Kopf im Profil
- Blick nach unten
- von vorn
- von oben mit Mütze
- mit Mittelscheitel
- mit Brille
- mit Pferdeschwanz

Nasen – Wettbewerb der Supernasen

1. **Blatteinteilung:**
   Lege ein Zeichenblatt (DIN A4 oder DIN A3) waagrecht vor dich hin und nimm mit Bleistift und Lineal folgende Einteilung vor:
   - Ziehe 6 bzw. 12 cm vom unteren Blattrand entfernt eine Linie. Diese schmale Fläche ist für die Köpfe der Zuschauer reserviert.
   - Zeichne im Anschluss im Abstand von 2 cm eine weitere Linie und verkürze die so entstandene Fläche etwas an den Enden, sodass ein Schild für einen Schriftzug entsteht.
   - Zeichne darüber ein Rechteck (bei DIN A4 mit der Größe von 23 cm x 10 cm), das einen Riesenbildschirm andeuten soll.
   - Ziehe alle Linien mit schwarzem Filzstift und Lineal nach.

   Hinweis: Wenn du möchtest, kannst du den Bildschirm mit einem doppelten Rand versehen und auf einem Gestell/Fuß stehen lassen.

2. **Supernasen:**
   - Zeichne mit Bleistift in die Bildschirmfläche drei möglichst große Comic-Köpfe, die ausgefallene Pappnasen tragen.
   - Achte darauf, dass alle in eine andere Richtung blicken, andere Kopfformen, Frisuren und Kragen haben und besonders ihre Nasen grotesk und riesig ausfallen.
   - Ziehe alle Entwurfslinien mit schwarzem Filzstift nach.
   - Male zunächst nur die Nasen mit Filzstiften aus. Setze auch Warzen, Glanzpunkte usw. in die Flächen.
   - Gestalte Münder, Augen und Kragen farbig. Gesichter und Haare bleiben weiß, damit die Nasen umso mehr ins Auge fallen!
   - Schummere die Fläche des Bildschirm-Hintergrundes leicht mit einem Buntstift in Gelb oder Blau.

   Hinweis: Beim Schummern wird der Stift auf dem Papier kreisend abgerieben. Wenn du wenig Druck ausübst, färbst du die Oberfläche des Papiers leicht ein. Durch das wiederholte Schummern und mit mehr Druck kannst du den Farbauftrag verstärken.

3. **Publikum:**
   - Entwirf mit Bleistift wesentlich kleinere Zuschauerköpfe in der dafür reservierten Fläche am unteren Bildrand.
   - Achte auch hier auf unterschiedliche und ausgefallene Nasen.
   - Ziehe die Linien der Vorzeichnung mit schwarzem Filzstift nach. Setze dieses Mal keine farbigen Akzente!

4. **Schriftzug:**
   - Schreibe in die für einen Schriftzug reservierte, mittlere Fläche in Blockbuchstaben den Titel der Veranstaltung, z. B. Supernasen-Casting, Germany's SuperNose, Supernasen-Wettbewerb usw.

   Tipp: Schreibe mit Bleistift vor und führe erst dann mit schwarzem Filzstift aus. Schummere den Hintergrund des Schildes mit Malstiften.

Nasen – Wettbewerb der Supernasen

Ergebnis

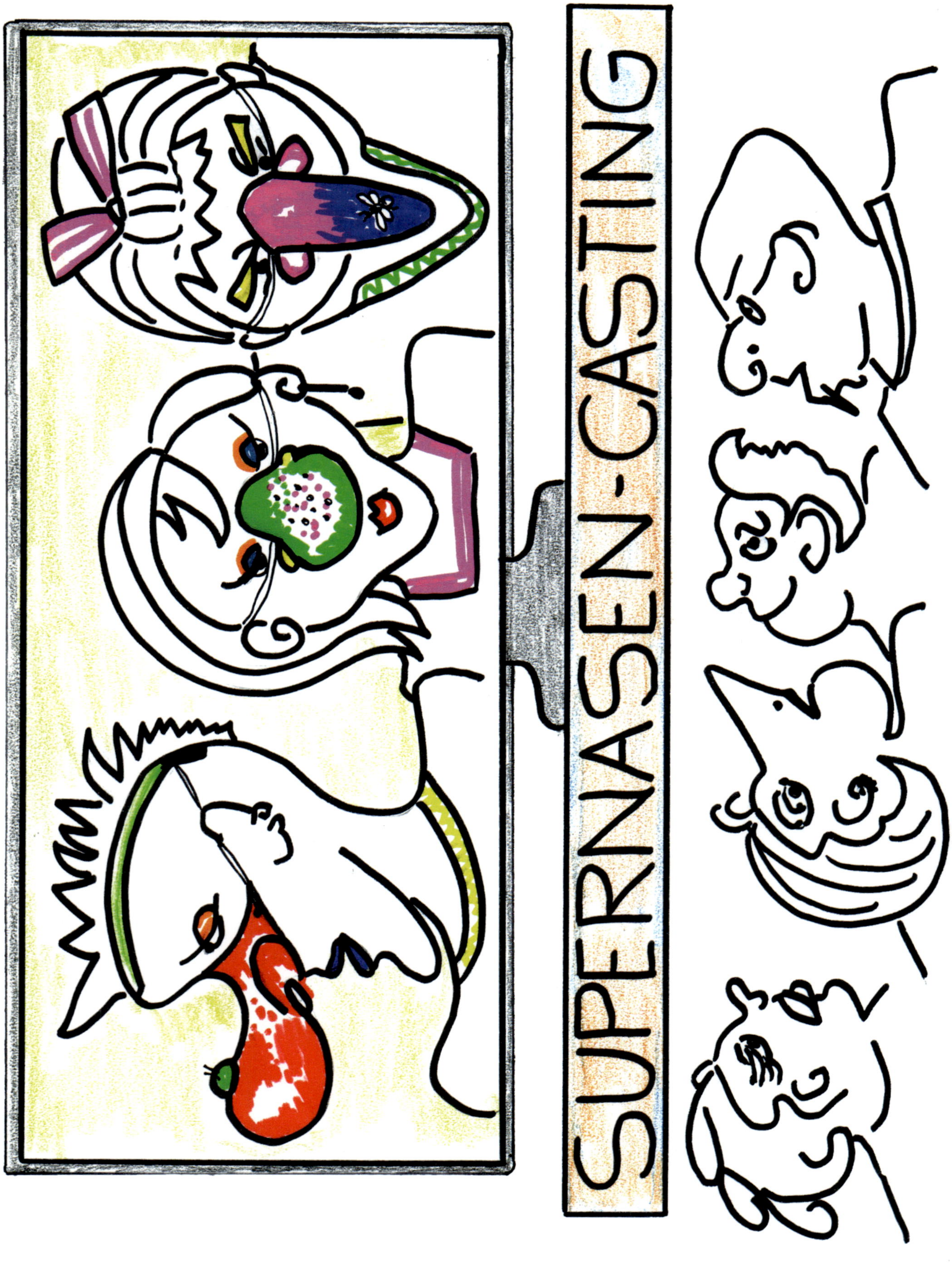

 ISBN 978-3-8346-2775-9 | www.verlagruhr.de

Münder – Das wäre ja gelacht!

Zeitaufwand: 2 Doppelstunden

Jahrgangsstufe: 5–10

Material:
- weißes Zeichenpapier (DIN A4 und DIN A5) für Entwürfe und zum Aufkleben
- weißes Zeichenpapier (DIN A3) als Hintergrund
- Bleistift
- Radiergummi
- schwarzer Filzstift
- Schere
- Klebestift
- Wachsmalstifte
- Kopien des Arbeitsblattes „Münder – Das wäre ja gelacht!" (2 Seiten) in Klassenstärke
- Zeichenvorlage „Münder – Das wäre ja gelacht!" (als Folie)

Kurzbeschreibung:

Die Schüler entwerfen einen lachenden Mund, dem sie durch Zerschneiden und Neuanordnen der Teile einen anderen Ausdruck verleihen. Sie ergänzen die Mundstudien zu Gesichtern.

Lehrplanbezug:

1. Die Schüler experimentieren mit einer besonderen Form der Collage – dem Zerschneiden und Neuanordnen eines Motivs.
2. Sie erweitern einen Bildausschnitt (Mund) zu einem vollständigen Gesicht.
3. Sie erkennen und erproben den Ausdruckswert von Farben mit Wachsmalstiften.

Vorschläge zur Umsetzung:

1. Beginnen Sie die Unterrichtseinheit mit der Bearbeitung des Arbeitsblattes „Münder".
2. **Zeichenvorlage Münder:**
   Lassen Sie die Grundschablone eines lachenden Mundes (ca. 10 cm x 8 cm) auf weißem Papier (DIN A5) entwerfen. Sie können die beigelegte Zeichenvorlage zur Orientierung als Folie zeigen. Die Schüler fertigen mindestens drei Kopien von diesem Entwurf an, indem sie die Umrisse an einer Fensterscheibe durchpausen. So erhalten die Schüler mehrere Möglichkeiten zum Experimentieren. Natürlich kann auch ein Kopiergerät diese Arbeit übernehmen.
3. Die so gefundenen Lösungen werden in einem Zwischenschritt auf weißem Papier aufgeklebt und durch Schneiden und Zeichnen verändert, bevor man sie endgültig auf dem Hintergrund (DIN A3) fixiert. Hier empfiehlt es sich, darauf zu achten, dass das Weiß aller verwendeten Papierqualitäten möglichst identisch ist, um spätere „Nahtstellen" bei den Collageteilen nicht sichtbar werden zu lassen.
4. Der Farbauftrag mit Wachsmalstiften erfolgt deckend und hebt vor allem die Mundformen heraus.

Münder – Das wäre ja gelacht!

1. **Münder lassen sich oft aus einem Strich zeichnen. Betrachte die Vorschläge und schreibe in die Sprech- und Denkblasen, welche Gefühle ausgedrückt werden.**

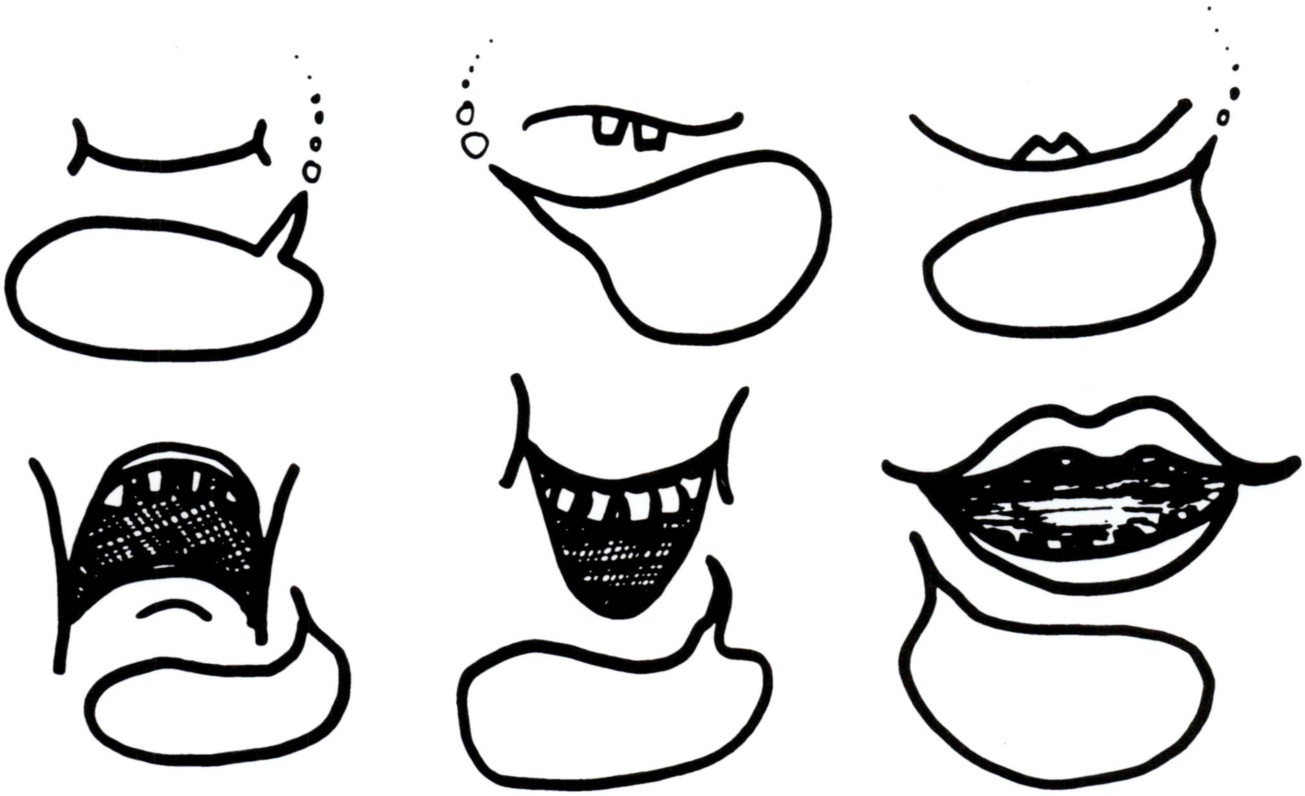

2. **Mund im Profil: Versuche, die Köpfe möglichst ohne Vorzeichnung mit Blick auf die Vorlage aus Tonpapier auszuschneiden. Achte besonders auf die Mundpartie. Klebe die Ergebnisse auf die Rückseite deines Arbeitsblattes.**

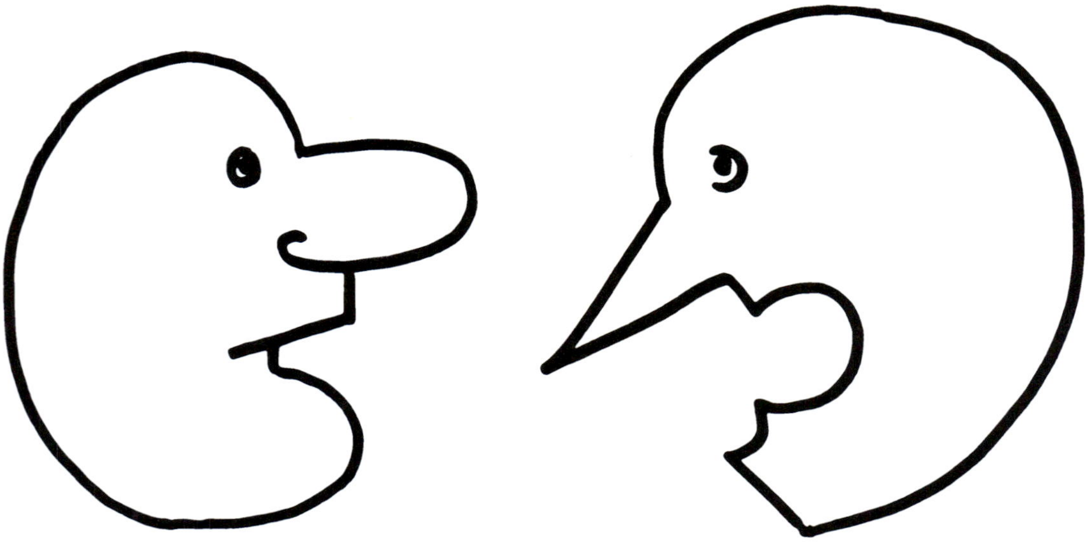

Münder – Das wäre ja gelacht!

1. **Zeichenvorlage „Münder“:**
   Zeichne auf weißes Papier (DIN A5) mit Bleistift einen geöffneten, lachenden Mund. Er soll ungefähr 10 cm x 8 cm groß sein. Zeichne breite Lippen. Die Mundwinkel zeigen nach oben und man kann zwei Zahnreihen erkennen. Ziehe alle Konturen mit schwarzem Filzstift nach.
   Lege deinen Entwurf zusammen mit einem weißen Blatt Papier gegen eine Fensterscheibe und pause die Umrisse durch. Fertige auf diese Weise mehrere Kopien für weitere Versuche an.

2. **Aus eins mach drei:**
   Schneide deine durchgepausten Entwürfe entlang der äußeren Umrisskante aus. Zerschneide die Entwürfe jeweils waagrecht bzw. senkrecht und ordne die Teile auf einer weißen Blattfläche neu an.

   Tipp: Ziehe die Teile weit auseinander oder schiebe sie zusammen. Es macht nichts, wenn nicht alle Linien weiterlaufen, du kannst sie später zeichnerisch ergänzen. Du kannst auch ganze Teile, wie das Mittelstück oder eine Zahnreihe, wegschneiden.

   Achte darauf, dass du drei ganz verschiedene Mundformen kreierst. Klebe sie auf dem weißen Hintergrund auf.
   Ergänze fehlende Linien mit schwarzem Filzstift, verstärke Umrisse, gestalte auch das Innere des Mundes mit Schatten und Schraffuren.
   Schneide die neu entstandenen Mundformen aus.

3. **Köpfe:**
   Nimm deine drei verschiedenen, neu zusammengesetzten Mundformen und klebe sie nebeneinander auf ein weißes DIN-A3-Blatt. Entwirf zunächst mit Bleistift zu den beiden äußeren Mündern passende Gesichter.

   Hinweis: Zeichne unterschiedliche Gesichtsformen (rund, lang gezogen, oval), um möglichst unterschiedliche „Typen“ zu kreieren.

   Füge Nasen und Augen hinzu. Gestalte auch sie wieder unterschiedlich.
   Umrahme die Gesichter mit witzigen Frisuren. Zeichne zum Schluss für den dritten Mund ein Gesicht, das durch die beiden vorderen Köpfe teilweise verdeckt wird. Füge bei allen Gesichtern einen Halsansatz hinzu. Ziehe alle Linien mit schwarzem Filzstift nach.

4. **Farbige Gestaltung:**
   Gestalte nun Lippen, Augenlider, Iris und Haare mit Wachsmalstiften in kräftigen Farben. Lasse die restliche Gesichtsfläche unbearbeitet.

   Tipp: Verwende auch ungewöhnliche Farben. Dadurch wird das Comichafte betont.

Münder – Das wäre ja gelacht!

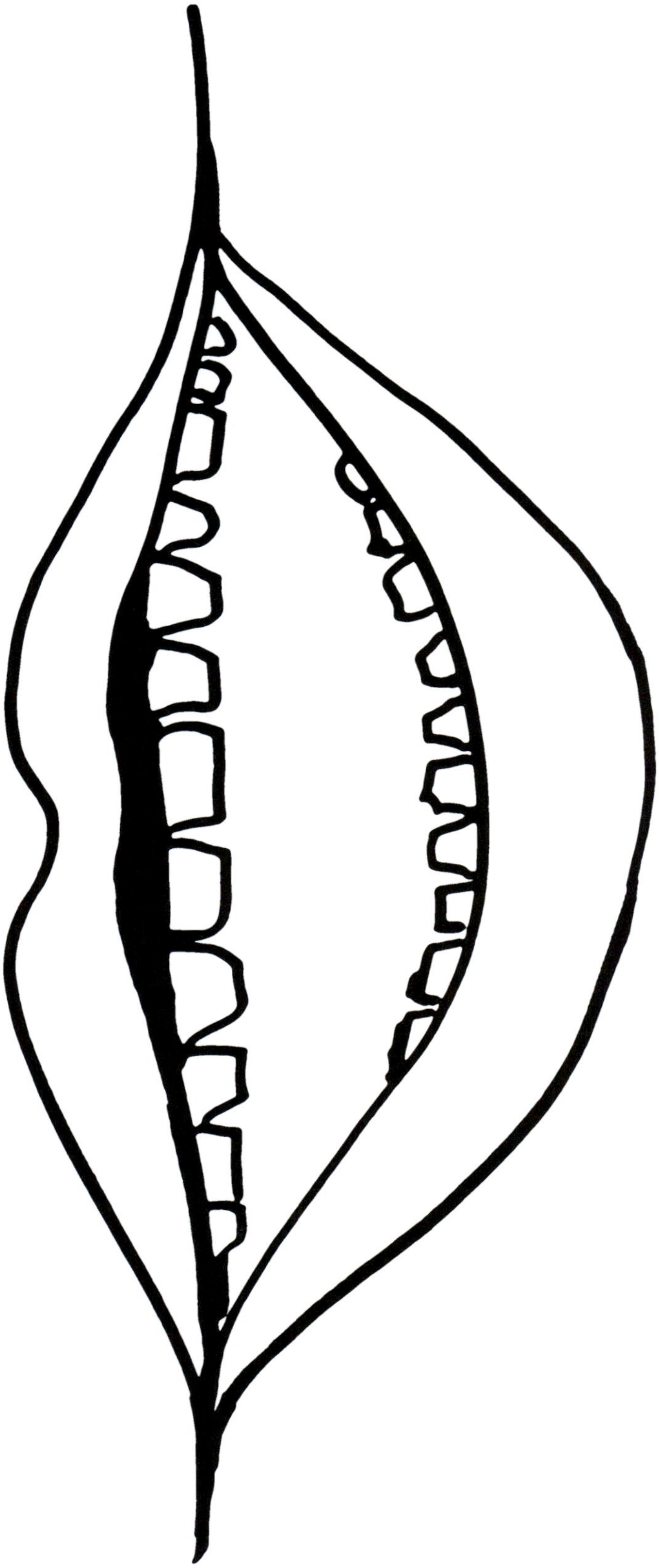

Münder – Das wäre ja gelacht!

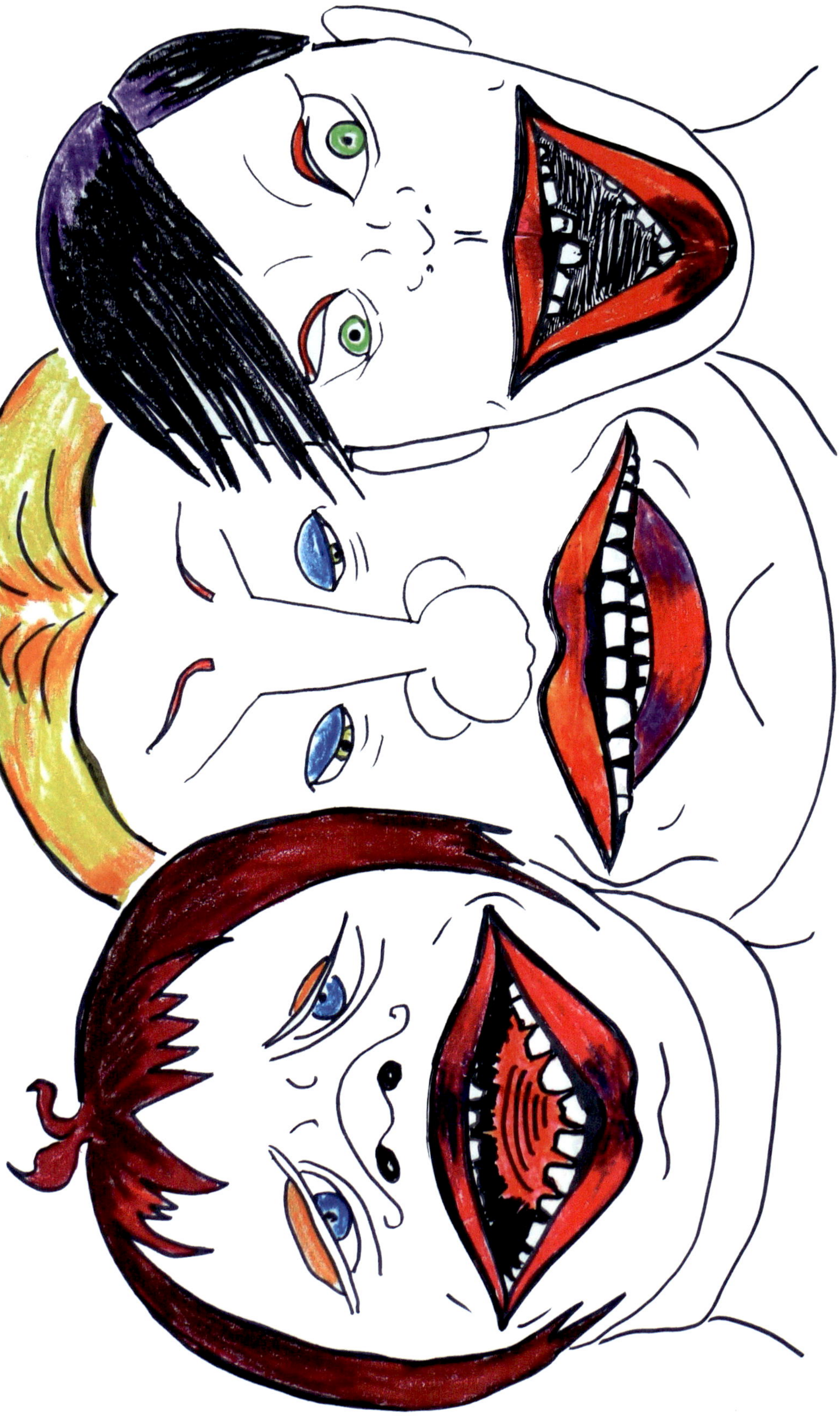

Köpfe – Tolle Typen

Zeitaufwand: 3–4 Unterrichtsstunden

Jahrgangsstufe: 7–10

Material:
- weißes Zeichenpapier DIN A4
- Fotokarton (Rest) für Schablone
- Bleistift
- Radiergummi
- Lineal
- schwarzer Filzstift
- Kopien des Arbeitsblattes „Köpfe – Tolle Typen“ (2 Seiten) in Klassenstärke
- Zeichenvorlage „Köpfe – Tolle Typen“ (auf Folie)

Kurzbeschreibung:

Die Schüler gestalten aus identischen Gesichtsschablonen durch Punkte und Striche sowie unter Hinzufügen spezieller Details individuelle Köpfe.

Lehrplanbezug:

1. Die Schüler erproben schrittweise die Entwicklung von individuellen Porträts. Dabei verwenden sie Grundschablonen, Punkt-Punkt-Komma-Strich-Verfahren und setzen charakteristische Details mit der beabsichtigten Wirkung ein.
2. Sie arbeiten linear mit Lineal und Filzstiften (Bereich Grafik).

Vorschläge zur Umsetzung:

1. Mithilfe der Arbeitsblätter sammeln die Schüler erste Erfahrungen damit, wie sie mit stark reduzierten Mitteln individuelle Gesichter entstehen lassen können.
2. Anschließend schneiden sich die Schüler eine (eckige) Kopfschablone zurecht, deren Umrisse mehrmals nebeneinander auf weißem Papier nachgefahren werden.
3. Die Schablone kann auch der Länge nach halbiert werden. Das ergibt dann (mit angefügter Nase) einen Kopf im Profil.
4. Die Schüler sollten mindestens drei unterschiedliche „Typen“ kreieren. Älteren Schülern kann auch vorgeschlagen werden, Klassenkameraden oder Lehrer auf diese besondere Art zu porträtieren.

Köpfe – Tolle Typen

1. **Gesichter lassen sich nach der einfachen Formel „Punkt, Punkt, Komma, Strich" zeichnen. Je nachdem, wo Augen und Nase auf der Gesichtsfläche liegen, ergibt sich eine andere Blickrichtung. Ergänze die Gesichtsschablonen!**

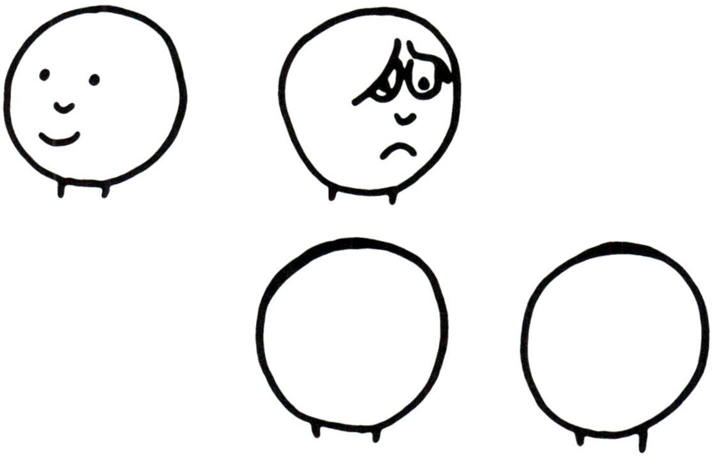

2. **Gesichter von der Seite (im Profil) lassen sich auch aus einer Linie zeichnen. Mit wenigen Strichen wird daraus ein Charakterkopf. Erfinde noch zwei weitere Köpfe hinzu! Setze beim Zeichnen den Stift nicht ab.**

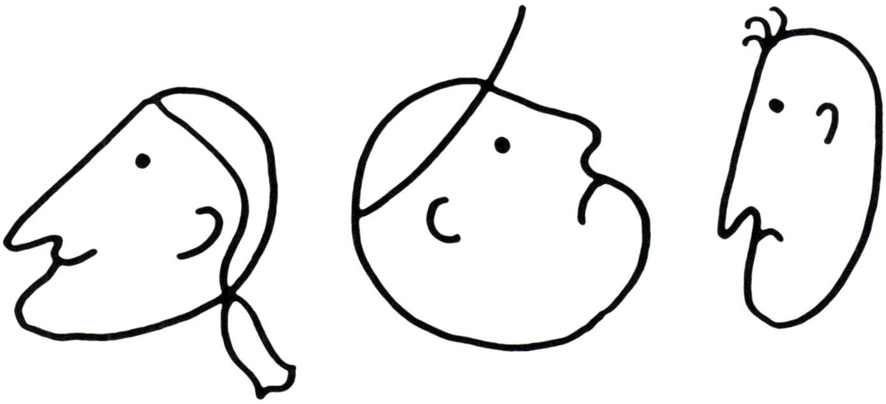

Hinweis: Ein Charakterkopf ist ein Kopf mit ausgeprägten, unverwechselbaren Gesichtszügen.

Köpfe – Tolle Typen

1. **Gesichtsschablonen:**
   Schneide aus einem Rest Fotokarton ein Rechteck in der Größe 8,5 cm x 6 cm aus. Schräge an einer Schmalseite die Ecken etwas ab.
   Lege die Schablone 3-mal nebeneinander auf weißes Zeichenpapier (DIN A4), das du waagerecht nimmst, und zeichne ihre Umrisse mit Bleistift nach.

2. **Gesichtszüge:**
   Verändere den Umriss, wenn du ein etwas schlankeres Gesicht entwerfen willst, indem du seitlich (mit dem Lineal!) Teile wegnimmst.
   Lege nun die Stellung der Augen durch Punkte fest: auseinander oder eng stehend, unter einer hohen oder niedrigen Stirnfläche …
   Augenlider und Augenbrauen erscheinen als einfache Striche darüber.
   Markiere die Lage der Nase durch zwei Punkte (Nasenlöcher) oder ein kleines Häkchen (Nasenspitze).
   Lege den Mund als kurze Linie an. Du kannst noch Ober- und Unterlippe hinzufügen.
   Die Ohren werden als schmales Rechteck auf Höhe der Augen/Nase angefügt.

3. **Charakteristische Details:**
   Zeichne am Oberkopf eine Haaransatzlinie und den äußeren Umriss der Frisur ein. Die Haare, auch einzelne Strähnen, erscheinen immer als geschlossene Fläche. Füge weitere Details, wie z. B. Brille, Ohrringe oder Stirnband, hinzu.
   Ergänze die Halspartie. Beachte dabei, dass Männer in der Regel einen breiteren Hals haben als Frauen.
   Füge den Ausschnittrand eines T-Shirts oder Pullis hinzu.

4. **Fertigstellen:**
   Entferne alle Hilfslinien mit Radiergummi. Ziehe alle anderen Linien exakt mit schwarzem Filzstift nach. Benutze dabei so häufig wie möglich das Lineal!

Hinweis: Vielleicht willst du Mitschüler oder auch Lehrer als „tolle Typen“ im Comic-Stil porträtieren!

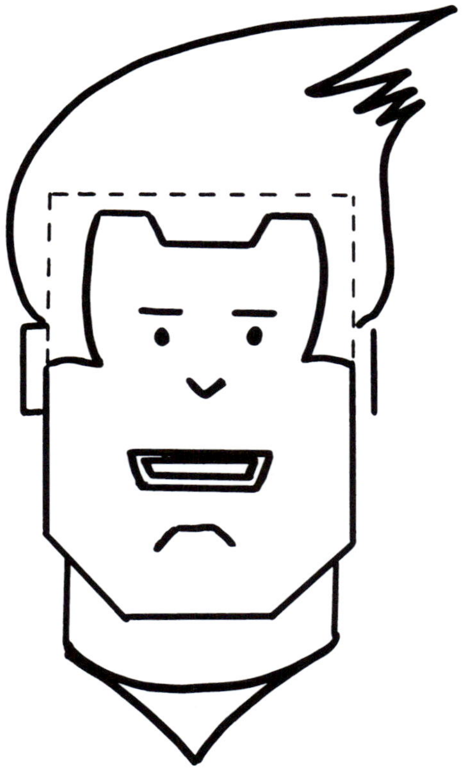

Köpfe – Tolle Typen

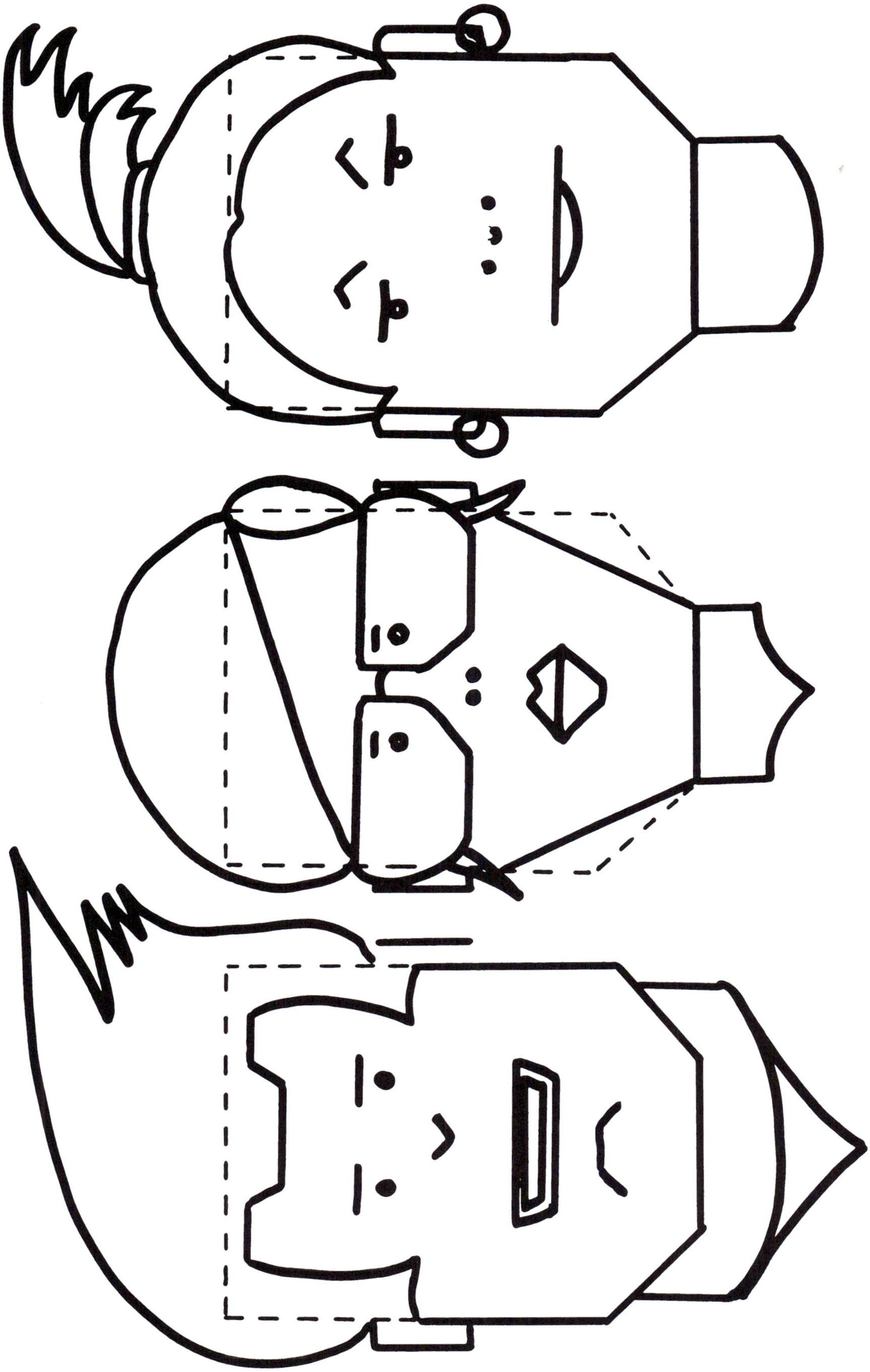

Köpfe – Tolle Typen

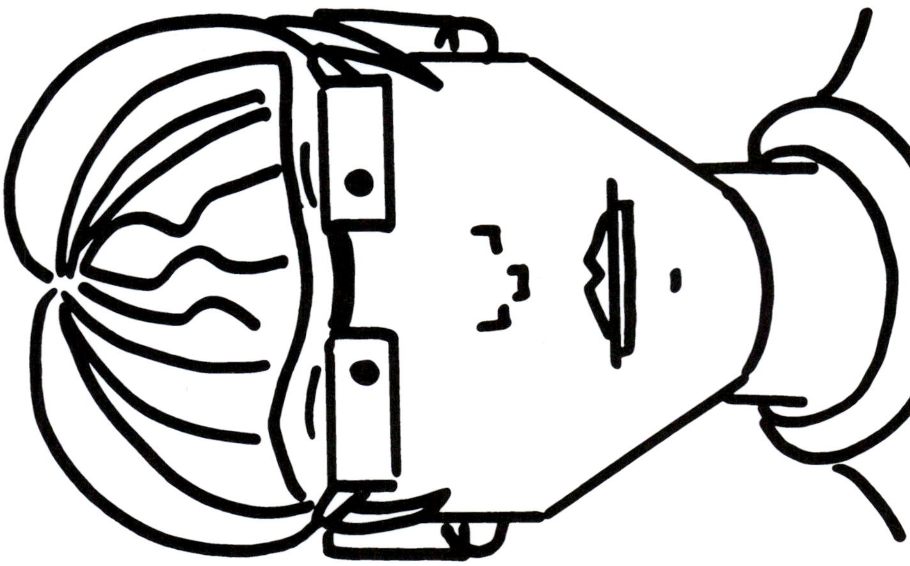

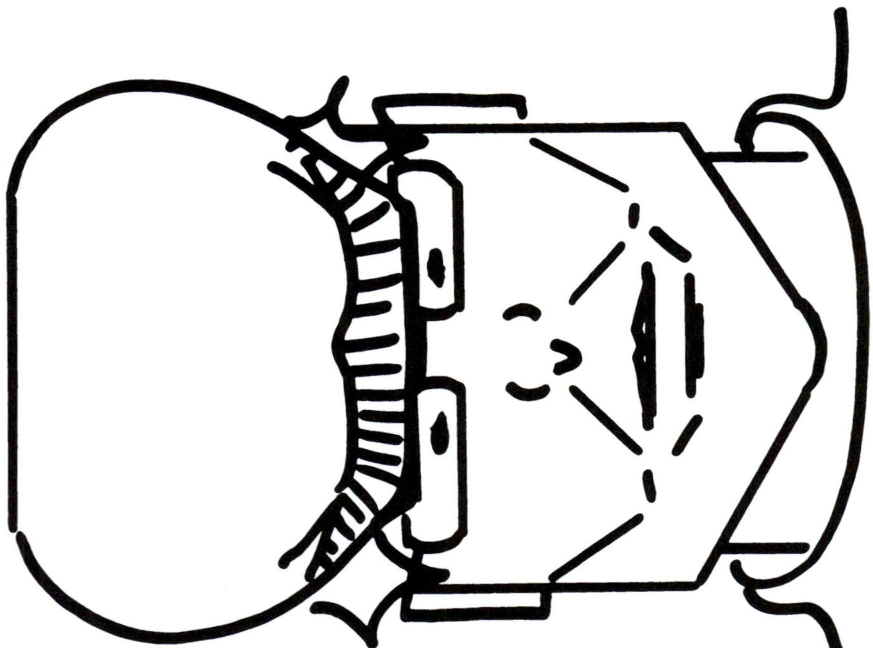

Köpfe – Schaufensterpuppen

Zeitaufwand: 4 Unterrichtsstunden

Jahrgangsstufe: 5–10

Material:
- grauer Fotokarton (DIN A3)
- weißes Zeichenpapier (DIN A3)
- bunte Tonpapierreste
- Schere
- Bleistift
- Radiergummi
- schwarzer Filzstift
- Klebestift
- Arbeitsblatt „Köpfe – Schaufensterpuppen" in Klassenstärke
- Zeichenvorlage „Köpfe – Schaufensterpuppen" in Klassenstärke

Kurzbeschreibung:

Die Schüler dekorieren gleiche Schaufensterpuppen durch unterschiedliche Accessoires, Frisuren und Gesichtszüge zu individuellen Figurinen um.

Lehrplanbezug:

1. Die Schüler arbeiten in Mischtechnik, indem sie Zeichnen und Kleben kombinieren.
2. Sie entwickeln aus Schablonen individuelle Figuren.
3. Sie erkennen, dass Gebrauchsgegenstände durch ästhetische Gestaltung geschmückt werden können.
4. Sie erweitern ihre Kenntnisse im Bereich Mode und Design.

Vorschläge zur Umsetzung:

1. Um den Schülern Hilfestellung dabei zu geben, wie man mit reduzierten Mitteln Gesichter konzipiert, sollte zur Einstimmung das Arbeitsblatt „Köpfe" bearbeitet werden.
2. Die Puppenschablone wird aus der Zeichenvorlage ausgeschnitten und auf weißem Papier mindestens 3-mal aufgezeichnet und ausgeschnitten.
   Die Schüler kleben sie verteilt auf grauen Fotokarton.
3. Mit den weiteren Accessoires sollte experimentiert werden, bevor man sie aufklebt.
4. Als Letztes werden die zeichnerischen Details (Gesicht, Schmuck etc.) angebracht.

Köpfe – Schaufensterpuppen

1. **Puppenschablonen:**
   Schneide aus der Zeichenvorlage die Puppenschablone aus. Lege sie auf weißes Zeichenpapier und fahre mit Bleistift ihre Umrisse nach. Wiederhole den Vorgang und schneide alle Schablonen aus. Arrangiere sie auf grauen Fotokarton (DIN A3) und klebe sie fest.

   Tipp: Achte darauf, dass um die Schablonen herum noch genügend Platz für Accessoires bleibt!

2. **Collageteile:**
   Haare: Zeichne mit Bleistift eine „Frisur" für die jeweilige Puppe auf. Verwende Tonpapier in beliebigen Farben.

   Hinweis: Frisuren, die du zeichnen kannst, sind z. B. Pagenkopf, Pferdeschwanz, Irokesenschnitt oder Windstoßfrisur. Das „Haarteil" wird immer als ganze Fläche ausgeschnitten. Du kannst aber nachträglich noch Strähnen aufkleben oder Fransen und Haarspitzen anbringen (siehe Zeichenvorlage). Lege die Haare über den Oberkopf der Puppenschablone und experimentiere mit ihrer Lage, bevor du sie festklebst.

   Kleidungsstücke und Accessoires:
   Entwirf auf Tonpapier mit Bleistift Shirts, Pullis, Badeanzüge, Umhänge usw.
   Lege sie auf die Schablone, schneide sie eventuell zurecht und klebe sie auf.
   Erfinde verschiedene Möglichkeiten für Kragen oder Halsausschnitte.
   Klebe Brillengläser auf.
   Verziere die Haare mit Schleifen und Spangen. Setze den Puppen Kappen oder Hüte auf. Füge Handtaschen, Regenschirme und Ähnliches hinzu.

3. **Zeichnerische Ausarbeitung:**
   Gesicht: Deute mit feinem, schwarzem Filzstift einfache Gesichtszüge im oberen Teil der Schablone an: Verwende Punkte als Augen und Nasenlöcher, Striche als Münder und gebogene Linien als Ohren (siehe Zeichenvorlage). Verziere die Ausschnittkanten und Ärmel mit Mustern. Ergänze Details, wie Brillenbügel, Handtaschenriemen, Gürtelschnallen, Hals- und Ohrschmuck.

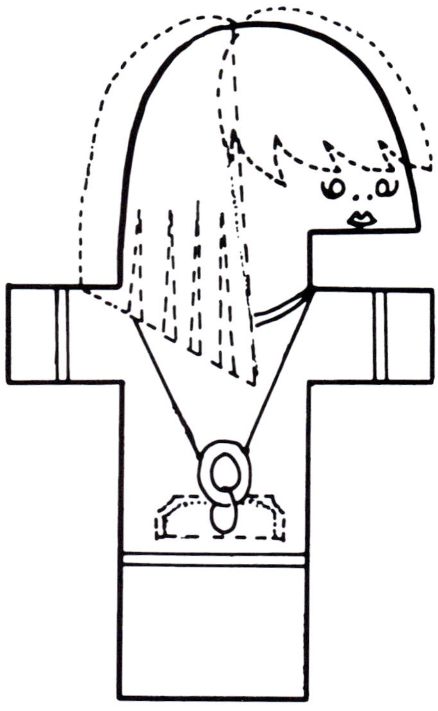

Köpfe – Schaufensterpuppen

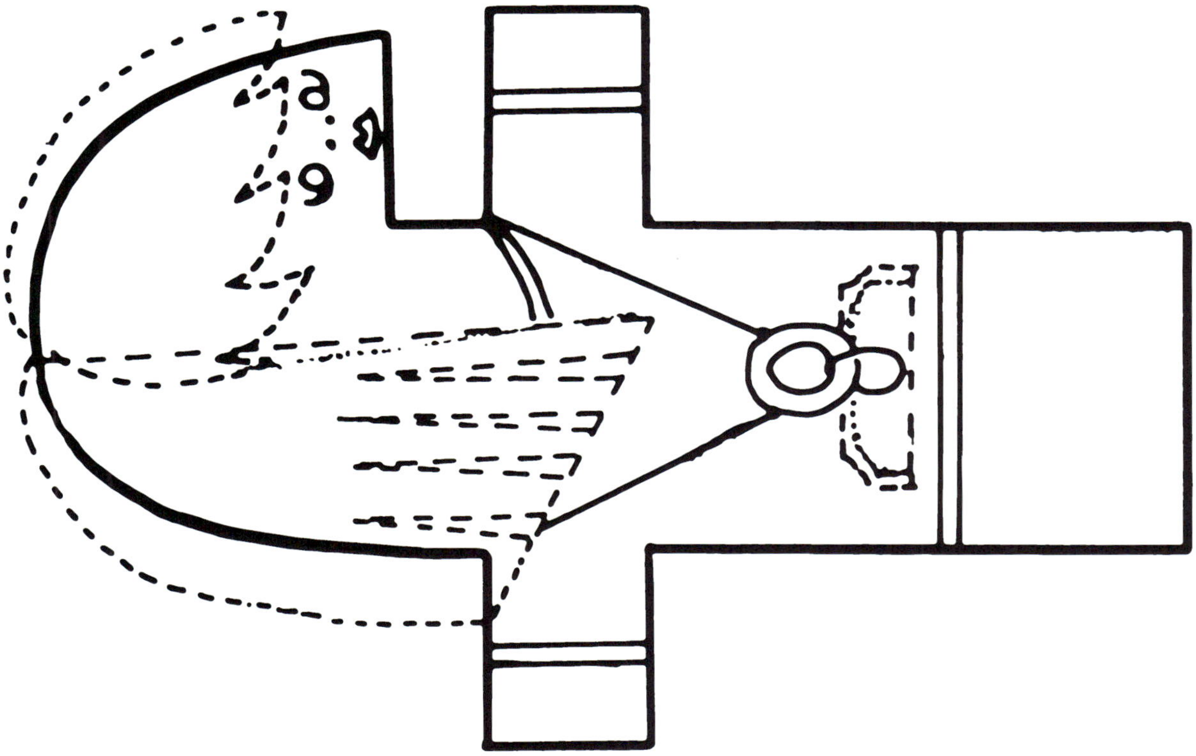

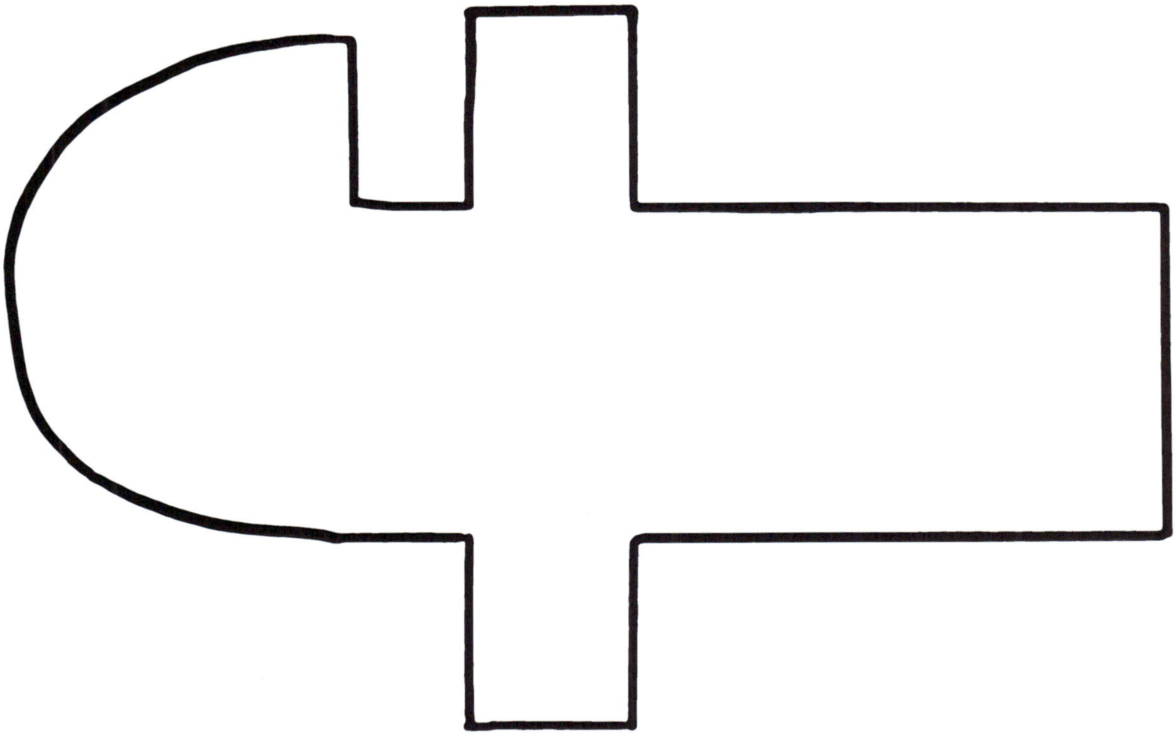

Köpfe – Schaufensterpuppen

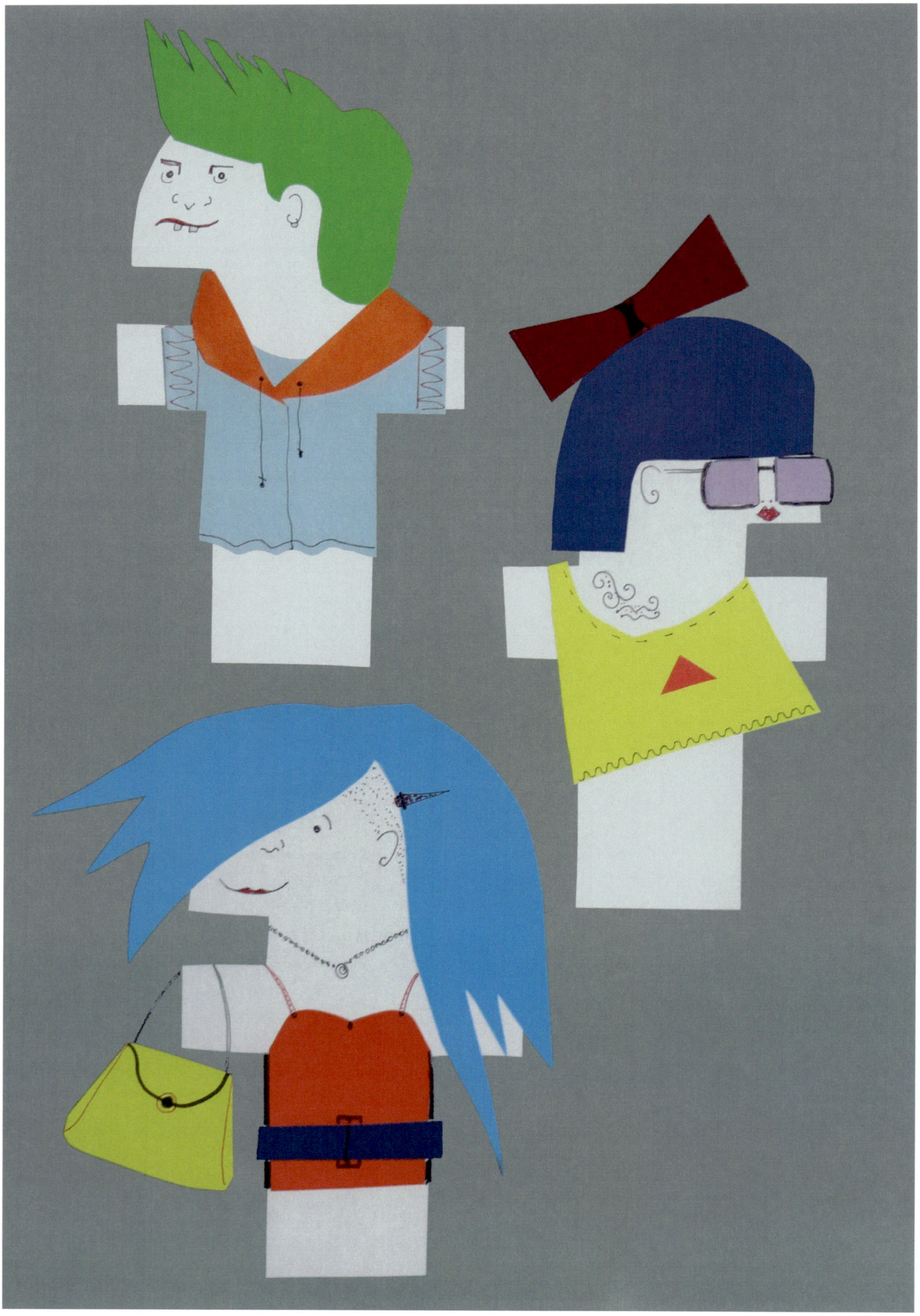

Ganze Figuren – Sportskanonen

Zeitaufwand: 4 Unterrichtsstunden

Jahrgangsstufe: 5–10

Material:
- weißes Zeichenpapier DIN A4
- Bleistift
- Radiergummi
- schwarze und bunte Filzstifte
- Schere
- Klebestift
- Fotokarton (DIN A3/DIN A2)
- Kopien der Arbeitsblätter „Ganze Figuren – Sportskanonen" (2 Seiten) in Klassenstärke

Kurzbeschreibung:

Die Schüler gestalten aus Strichmännchen Comicfiguren, die Sport treiben. Sie arrangieren anschließend in Gruppenarbeit die ausgeschnittenen Figuren auf dunklem Hintergrund.

Lehrplanbezug:

1. Die Schüler entwickeln aus einfachen Strichmännchen Figuren mit „Volumen".
2. Sie erproben die Wirkung von Groß und Klein.
3. Sie arrangieren in Gruppen ein dekoratives Nebeneinander der verschiedenen Figuren (Collage/Gruppenarbeit).
4. Sie erkennen, dass der Eindruck von Bewegung beim menschlichen Körper durch zeichnerisches Erfassen einfacher Proportionen und Gelenkstellen erzeugt werden kann.

Vorschläge zur Umsetzung:

1. Die Schüler bearbeiten zunächst das Arbeitsblatt und lernen die Strichmännchen-Methode kennen.
2. Sie erproben die Erkenntnisse an Entwürfen auf einem DIN A4-Blatt. Dabei sollten sie kleine (4–6 cm) und große (10–15 cm) Figuren entwerfen. Weisen Sie darauf hin, dass die jeweilige sportliche Aktivität gut zu erkennen sein sollte (Liste: siehe Arbeitsblatt).
3. Sie gestalten die Motive mit Filzstiften aus und schneiden sie aus, wobei die Hintergrundfläche in die Komposition einbezogen wird (siehe Lösung).
4. Die Einzelfiguren werden in Gruppen-/Partnerarbeit auf dunklem Fotokarton angeordnet.
5. Das Thema lässt sich gut für die Ankündigung eines Sportfestes einsetzen.

Ganze Figuren – Sportskanonen

1. **Strichmännchen**
   Betrachte das Strichmännchen und seine „Gelenkpunkte". Gestalte den „Jogger" mit Filzstiften farbig aus. Entwirf selbst eine Figur, die tanzt.

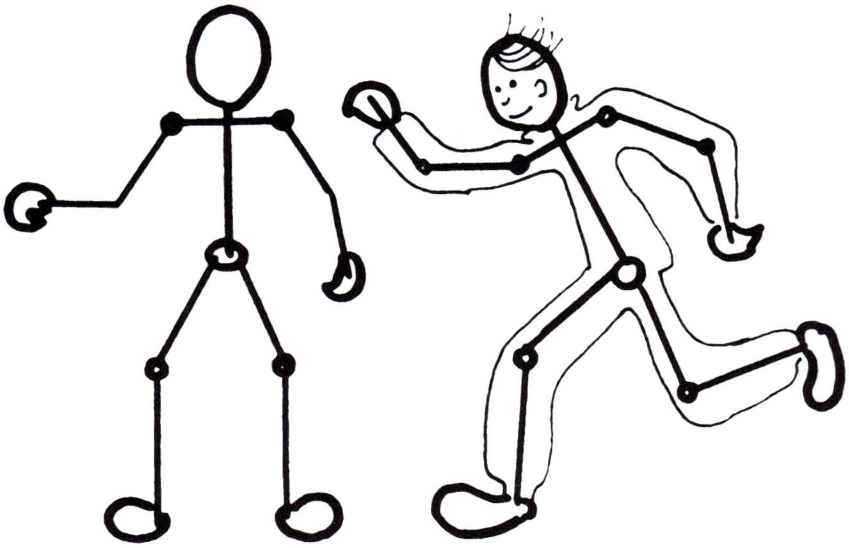

2. **Figuren aus einem Bogen**
   Schaue dir Figur 1 an und arbeite Figur 2 in Seitenansicht weiter aus. Denke dir für Figur 3 deine eigene Gestaltungsidee (Vorder-, Seitenansicht, rückwärtige Ansicht) aus.

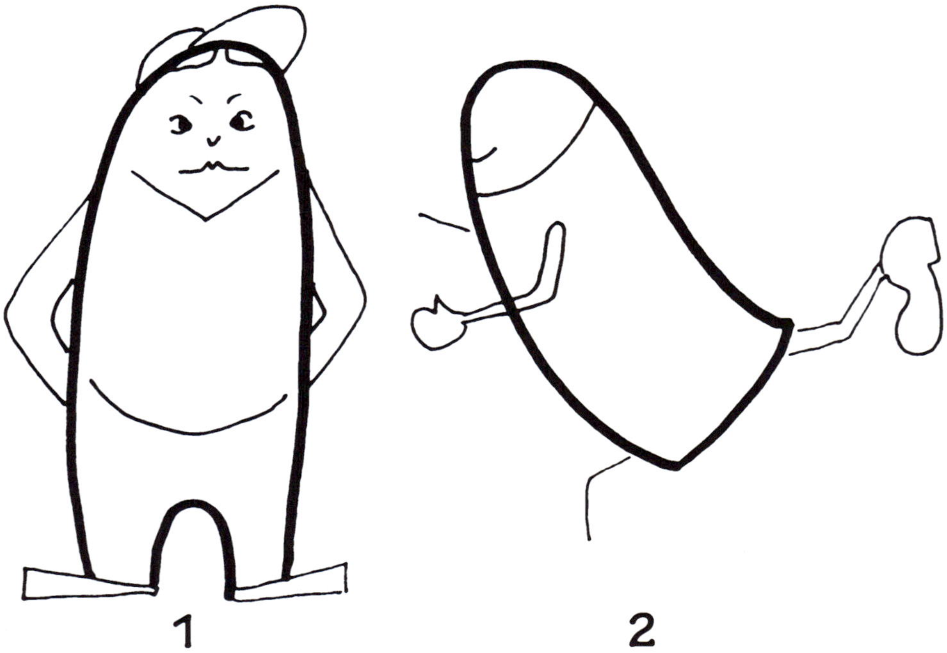

1 2 3

Ganze Figuren – Sportskanonen

1. **Entwürfe:**
   Suche aus folgender Auflistung vier oder fünf sportliche Aktivitäten heraus, die du mithilfe von Figuren darstellen möchtest. Du kannst die Liste beliebig ergänzen!
   - Rennen
   - Hüpfen (Seil)
   - Springen (Hürden)
   - Kicken (Ball)
   - Klettern (Seil, Wand)
   - Gewichtheben
   - Reckturnen
   - Tauziehen
   - Bodengymnastik
   - Tanzen (Aerobic)
   - Skateboardfahren
   - Tennisspielen
   - …

Zeichne deine Entwürfe mit Bleistift auf weißes Zeichenpapier (DIN A4).
Gestalte verschieden große Figuren (4–15 cm). Orientiere dich an Aufgabe 1 auf deinem Arbeitsblatt (1/2). Zeichne zuerst ein Strichmännchen mit allen Gelenkpunkten und mit den für den Sport nötigen Geräten. Zeichne Kleidung (Schuhe, Shirt, Hosen, Röcke) hinzu. Gestalte die Köpfe mit Gesichtszügen und Frisuren aus.
Zeichne die Hände mit Fingern oder als kleine Ovale. Übertreibe die Größe einige Körperteile (z. B. Beine, Arme, Köpfe, Hälse).

Tipp: Du kannst auch einige „unsportliche" Zuschauertypen entwerfen!

2. **Ausgestalten der Figuren:**
   Fahre alle Umrisse mit schwarzem Filzstift nach und entferne überflüssige Bleistiftspuren. Bearbeite Kleidung, Haare und Sportgeräte mit farbigen Filzstiften.

Tipp: Sehr kleine Figuren kannst du als schwarz-weiße Umrisszeichnung stehen lassen. Kleine Details, wie Haarspitzen oder Finger, werden nicht einzeln, sondern nur als grobe Form ausgeschnitten.

Schneide nun alle Figuren zusammen mit einem Teil des Hintergrundes aus. Die Schnittkanten verlaufen dabei etwa 0,5 cm von den Umrisslinien entfernt.

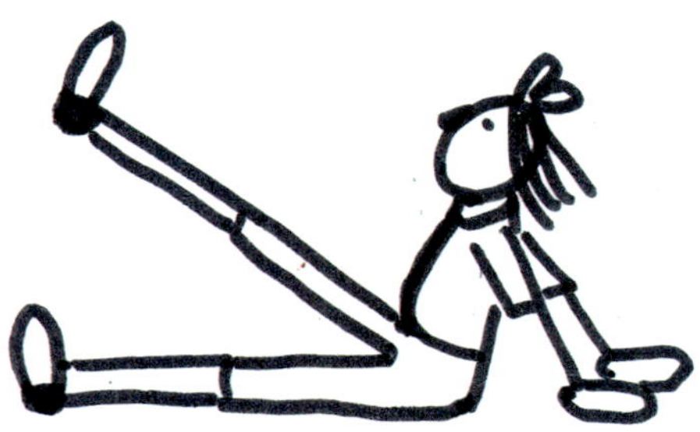

3. **Gruppenarbeit:**
   Bildet 2er- oder 4er-Teams.
   Legt eure ausgeschnittenen Figuren auf dunklen Fotokarton (DIN A3/DIN A2).
   Experimentiert mit der Lage der Figuren und klebt sie schließlich fest. Präsentiert eure gemeinsamen Lösungen nebeneinander im Klassen- oder Kunstraum.

© Verlag an der Ruhr | Autorin: Gerlinde Blahak | ISBN 978-3-8346-2775-9 | www.verlagruhr.de

Ganze Figuren – Sportskanonen

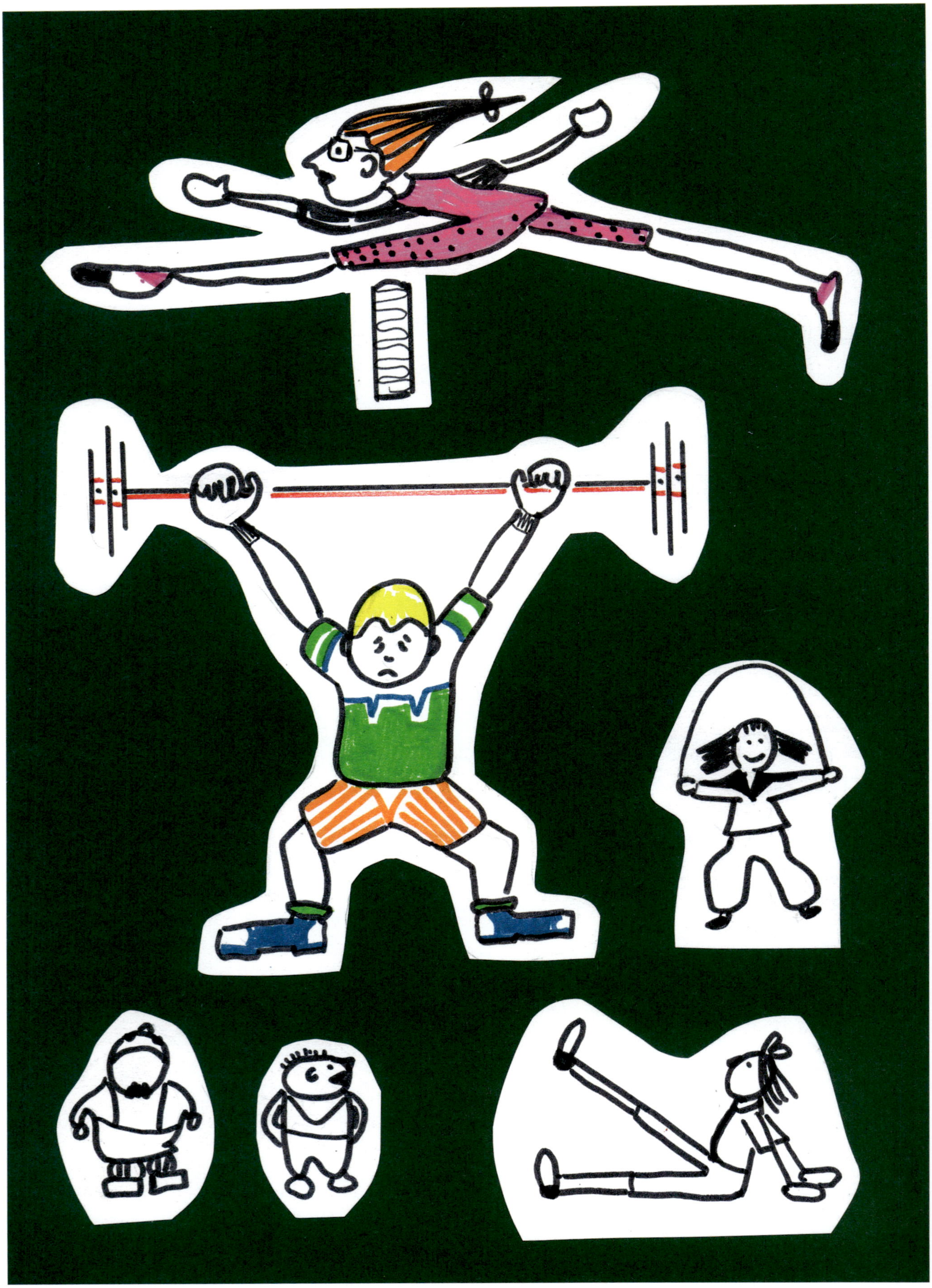

Ganze Figuren – Stadtführung

Zeitaufwand: 4 Unterrichtsstunden

Jahrgangsstufe: 5–10

Material:
- weißes Zeichenpapier DIN A4
- Bleistift
- Radiergummi
- Filzstifte
- Buntstifte
- Kopien des Arbeitsblattes „Ganze Figuren – Stadtführung" in Klassenstärke
- Kopien des Arbeitsblattes „Ganze Figuren – Sportskanonen" als Vorübung

Kurzbeschreibung:

Die Schüler entwerfen aus gebogenen Linien unterschiedliche Charaktere, die hinter einem Stadtführer herspazieren. Sie arbeiten mit Filz- und Buntstiften.

Lehrplanbezug:

1. Die Schüler erproben, wie man aus einfachen, gebogenen Linien individuelle Figuren entwickeln kann.
2. Sie erfahren, wie mithilfe von Übertreiben und Vergröbern Karikaturen entstehen.
3. Sie setzen Filz- und Malstifte zur farbigen Ausgestaltung ein.

Vorschläge zur Umsetzung:

1. Lassen Sie zur Einführung in das Projekt die Schüler das Arbeitsblatt „Ganze Figuren – Sportskanonen" bearbeiten, um sie mit der Zeichentechnik vertraut zu machen.
2. Alle Figuren stehen auf einer Grundlinie (z. B. Bordstein, Treppe).
3. Sie unterscheiden sich in Größe, Körperfülle und Kleidung.
4. Die Schüler könnten alternativ oder zusätzlich auch sich selbst und ihren Lehrer (karikierend) auf einem Klassenausflug darstellen.

Ganze Figuren – Stadtführung

1. **Grundlinie:**
   Nimm ein weißes Zeichenblatt (DIN A4) waagrecht und ziehe im Abstand von ca. 4 cm vom unteren Blattrand entfernt mit Bleistift eine Grundlinie, auf der deine Figuren stehen sollen.

   Hinweis: Die Linie kannst du seitlich in Treppenstufen auslaufen lassen oder zu einer Bordsteinkante oder Kopfsteinpflaster umgestalten.

2. **Figuren entwerfen:**
   Mache nun mit Bleistift Entwürfe für eine Touristengruppe mit Führer und beachte dabei Folgendes:
   Beginne beim Zeichnen aller Personen mit einer gebogenen Linie, die Kopf und Körper einschließt.
   Zeichne lange, schmale und kurze, breite Körperschablonen.
   Platziere sie alle nebeneinander auf der Grundlinie.
   Hebe die Figur des Stadtführers besonders hervor, indem du sie beim Gehen, Laufen, Steigen und Deuten darstellst. Sie sollte auch durch einen bestimmten Gegenstand, wie ein Schild, ein Fähnchen oder einen Schirm, zu erkennen sein.
   Stelle alle anderen Mitglieder der Gruppe mit unterschiedlichem Gesichtsausdruck (Grinsen, interessiertes Zuhören, gelangweiltes Dreinschauen …) dar.
   Jede Figur bekommt außerdem eine andere Frisur oder Kopfbedeckung.
   Die Personen sollten sich auch durch witzige Kleidungsstücke und Accessoires (Rucksack, Handtasche, Eistüte, Kinderwagen, Stadtplan …) unterscheiden. Dadurch sorgst du für die Individualität der Figuren.

3. **Figuren ausmalen:**
   Ziehe alle Linien der Vorzeichnung mit feinem, schwarzem Filzstift nach.
   Gestalte Kleidung und Haare der Personen mit farbigen Filz- oder Malstiften (Muster, Schummern).
   Koloriere die Gesichter und Hände sparsam in Gelb oder Pink.
   Hebe die Umrisse der Bodenlinie mit Farbstiften hervor.

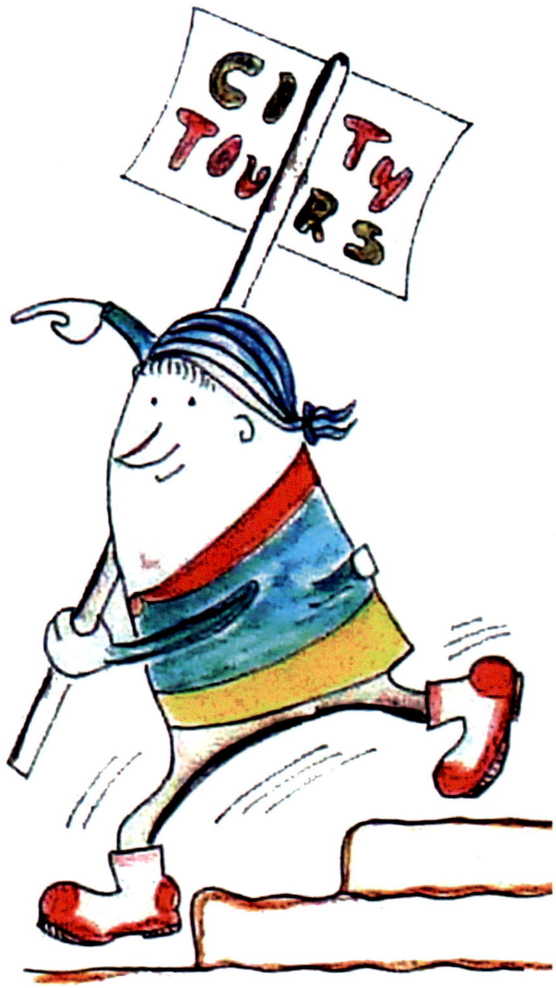

Ganze Figuren – Stadtführung

Ergebnis

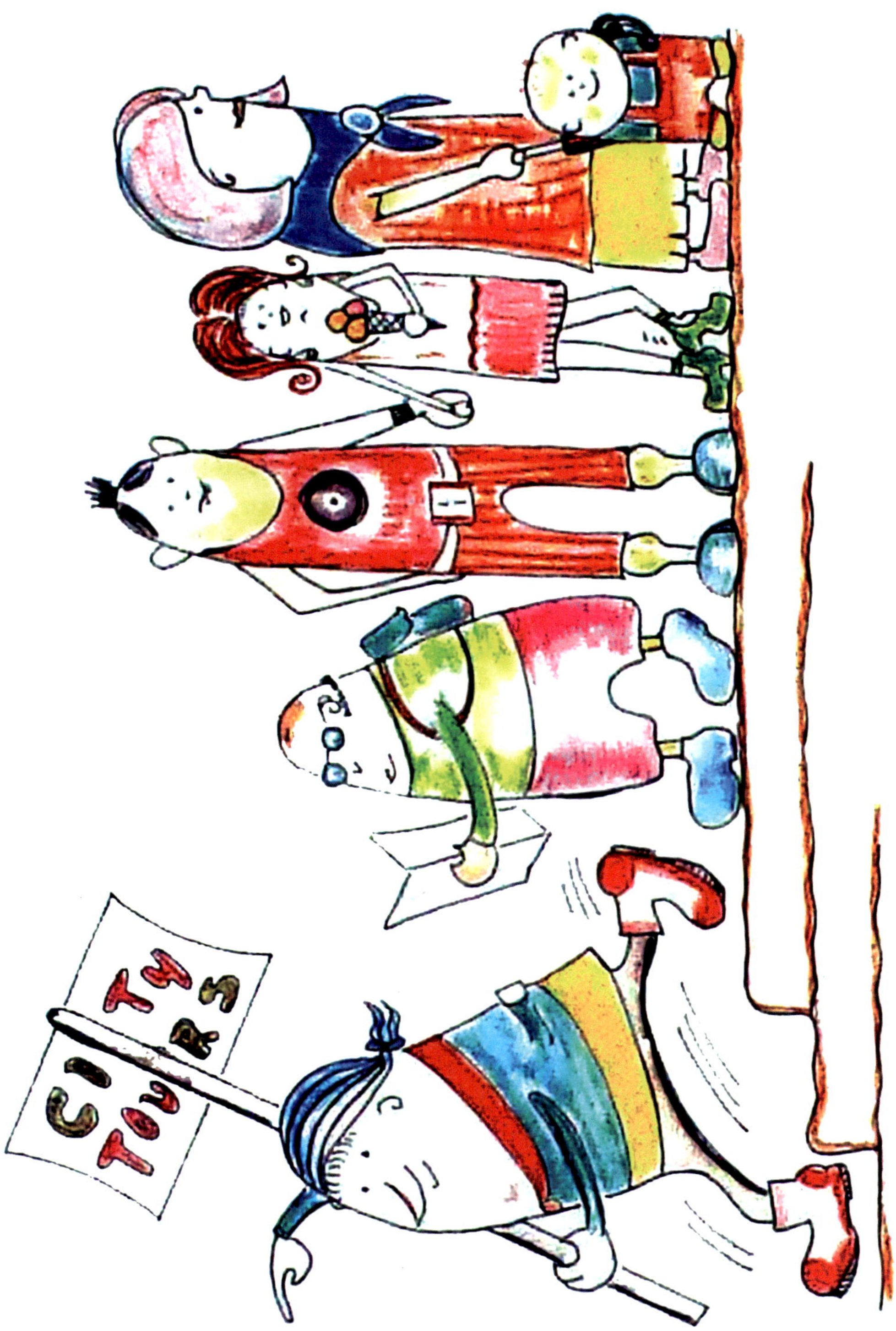

Tier-Mensch-Figuren – Uns geht's tierisch gut

Zeitaufwand: 4 Unterrichtsstunden

Jahrgangsstufe: 7–10

Material:
- weißes Zeichenpapier DIN A4
- Skizzenpapier
- Kataloge/Werbebroschüren (Abbildungen von Kleidung)
- Schere
- Klebestift
- Bleistift und Radiergummi
- Feiner, schwarzer Filzstift
- Arbeitsblatt „Tier-Mensch-Figuren – Uns geht's tierisch gut" in Klassenstärke
- Zeichenvorlage „Tier-Mensch-Figuren – Uns geht's tierisch gut" (2 Seiten) in Klassenstärke

Kurzbeschreibung:

Die Schüler entwerfen anthropomorphe Tierfiguren, indem sie Abbildungen von Kleidungsstücken ausschneiden, aufkleben und zeichnerisch zu Tier-Mensch-Figuren ergänzen.

Hinweis: „Anthropomorph" bedeutet „menschenähnlich" und ist ein häufiges Stilmittel in Kunst und Literatur (z. B. Reinecke Fuchs). Auch im (Kinder-)Fernsehen und in Comics finden sich anthropomorphe Tierfiguren, wie etwa Bugs Bunny oder Mickey Maus.

Lehrplanbezug:

1. Die Schüler arbeiten in Mischtechnik (Collage/Zeichnung).
2. Sie lernen, anhand von Vorlagen Charakteristika von Tierköpfen zu erfassen.
3. Aus fotografischen Bilddetails werden surreale Comicfiguren (Gestalten aus der Fantasie).

Vorschläge zur Umsetzung:

1. Lassen Sie die Schüler zuerst einige Köpfe nach den auf der Zeichenvorlage vorgeschlagenen Schritten nachzeichnen (Skizzenblatt).
2. Weisen Sie bei der Auswahl der Collageteile darauf hin, dass die Kleidungsstücke, die ausgeschnitten werden, in voller Größe zu sehen sein müssen und dass alle übrigen abgebildeten Körperteile wegfallen werden.
3. Die Schüler können die Köpfe frei Hand zeichnerisch von der Vorlage übernehmen oder (bei weniger geübten Klassen) über eine Fensterscheibe durchpausen.
4. Regen Sie auch die Gestaltung eigener Tier-Mensch-Kreationen an.
5. Durch spezielle Accessoires sollte deutlich werden, in welchem Ambiente sich die Figuren befinden.
6. Die Schüler können auch auf einem Blatt in DIN-A3-Format arbeiten.

Tier-Mensch-Figuren – Uns geht's tierisch gut

1. **Vorübung:**
   Zeichne auf einem Skizzenblatt zwei oder drei Köpfe von den Zeichenvorlagen nach. Beginne immer mit den Augen und folge den einzelnen Schritten. Zeichne die Köpfe größer und kleiner.
   Versuche, nach dieser Methode selbst weitere Tierköpfe zu entwickeln. Beachte dabei folgende Comic-Zeichenregeln:
   - Vereinfachen
   - Übertreiben

2. **Collageteile:**
   Wähle aus Zeitschriften, Versandhauskatalogen oder Werbeprospekten Abbildungen von Kleidungsstücken aus, die in voller Größe zu sehen sind und bei denen sich Hände, Arme, Füße oder Kopfpartien des Models problemlos wegschneiden lassen. Neben Möglichkeiten wie Röcken, T-Shirts, Hosen und Mänteln kannst du auch eigene Modelle kreieren, indem du ein Kleidungsstück auf größere, gemusterte Flächen (z. B. Fotos von Teppichen, Vorhängen) aufzeichnest. Schneide mehrere Collageteile aus und überlege, zu welchem Kopf sie passen könnten.

   Tipp: Kopf und Kleidungsstück müssen größenmäßig nicht unbedingt zueinanderpassen. Es ist sogar erwünscht, dass sie sich in der Größe unterscheiden. Dadurch wirken sie comichafter.

   Klebe zwei ausgeschnittene Kleidungsstücke auf ein weißes Zeichenblatt (DIN A4/ DIN A3) und beachte, dass ringsherum noch genügend Platz zum Weiterzeichnen frei bleibt.

3. **Weiterzeichnen:**
   Zeichne zunächst mit Bleistift zu den zwei aufgeklebten Teilen folgende Details hinzu:
   - *Köpfe:* Da es sich um Comicfiguren handelt, sollten sie in den Proportionen erheblich größer sein als das jeweilige Kleidungsstück.
   - *Arme:* Zeichne sie sehr kurz, dünn oder übermäßig dick. Lasse sie vom Körper abstehen und füge Hände als kleine Ovale an.
   - *Beine:* Lasse sie fast ganz unter dem Kleidungsstück verschwinden, zeichne sie überlang oder extra kurz. Denke auch an verschiedene Beinstellungen und Schuhe.

   Da es deinen Comicfiguren „tierisch gut" gehen soll, zeichnest du jetzt ein bestimmtes Umfeld und einige Accessoires hinzu, z. B.:
   - Am Pool (Liegestühle, Drinks, Schwimmreifen, Surfbretter …)
   - In der Küche (Schürze, Küchengeräte, Lebensmittel …)
   - Auf einer Party (Sektgläser, Flaschen, Dekoration, Musikanlage …)
   - Auf Reisen (Koffer, Tickets, Hinweisschilder …)
   - Auf der Skipiste (Ski, Helm, Brille, Lift …)
   - Beim Shoppen (Pakete, Einkaufstüten, Regale, Preisschilder …)

   Ziehe zum Schluss alle Linien der Vorzeichnung mit feinem, schwarzem Filzstift nach.

Tier-Mensch-Figuren – Uns geht's tierisch gut

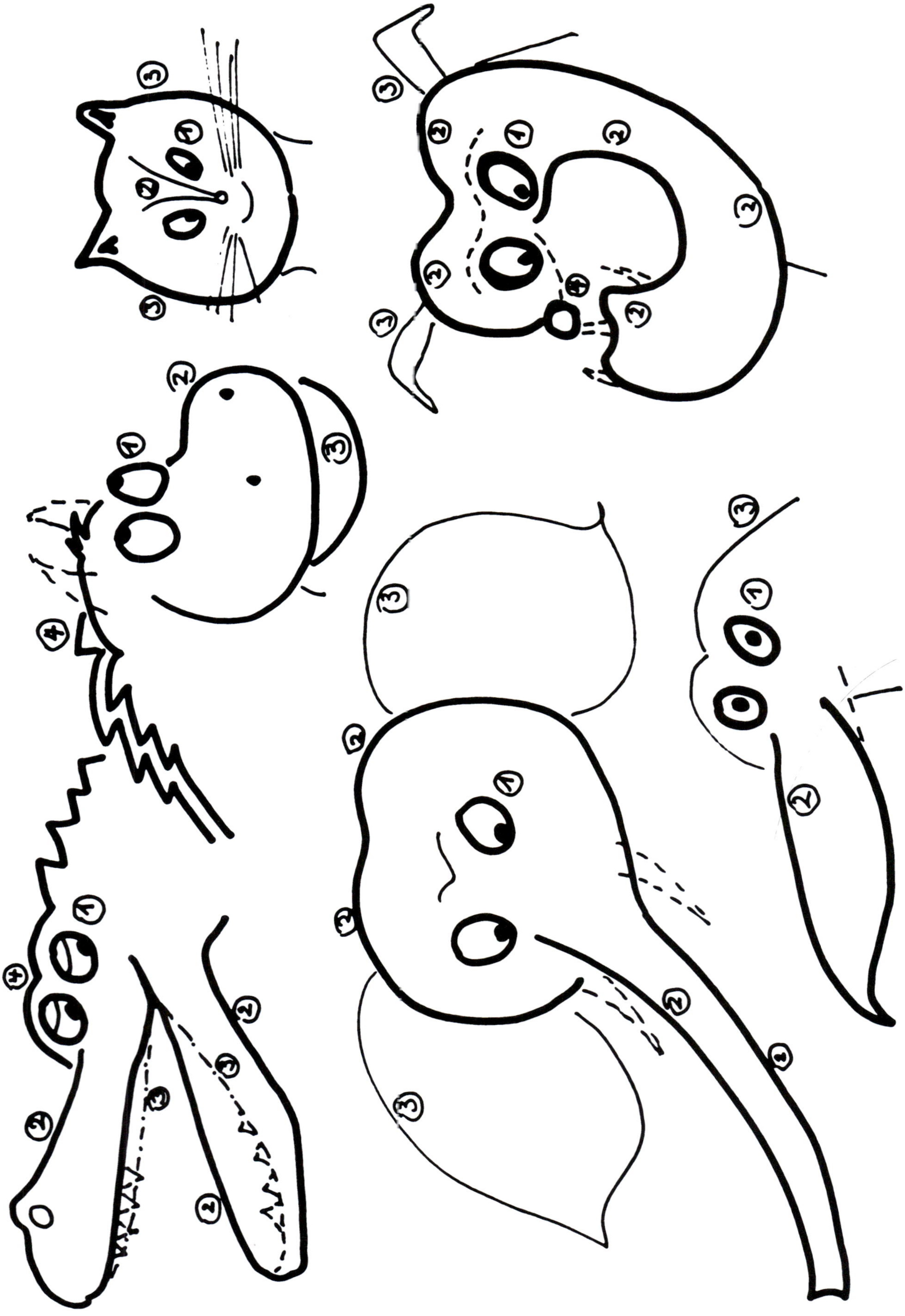

Tier-Mensch-Figuren – Uns geht's tierisch gut

Zeichenvorlage (2/2)

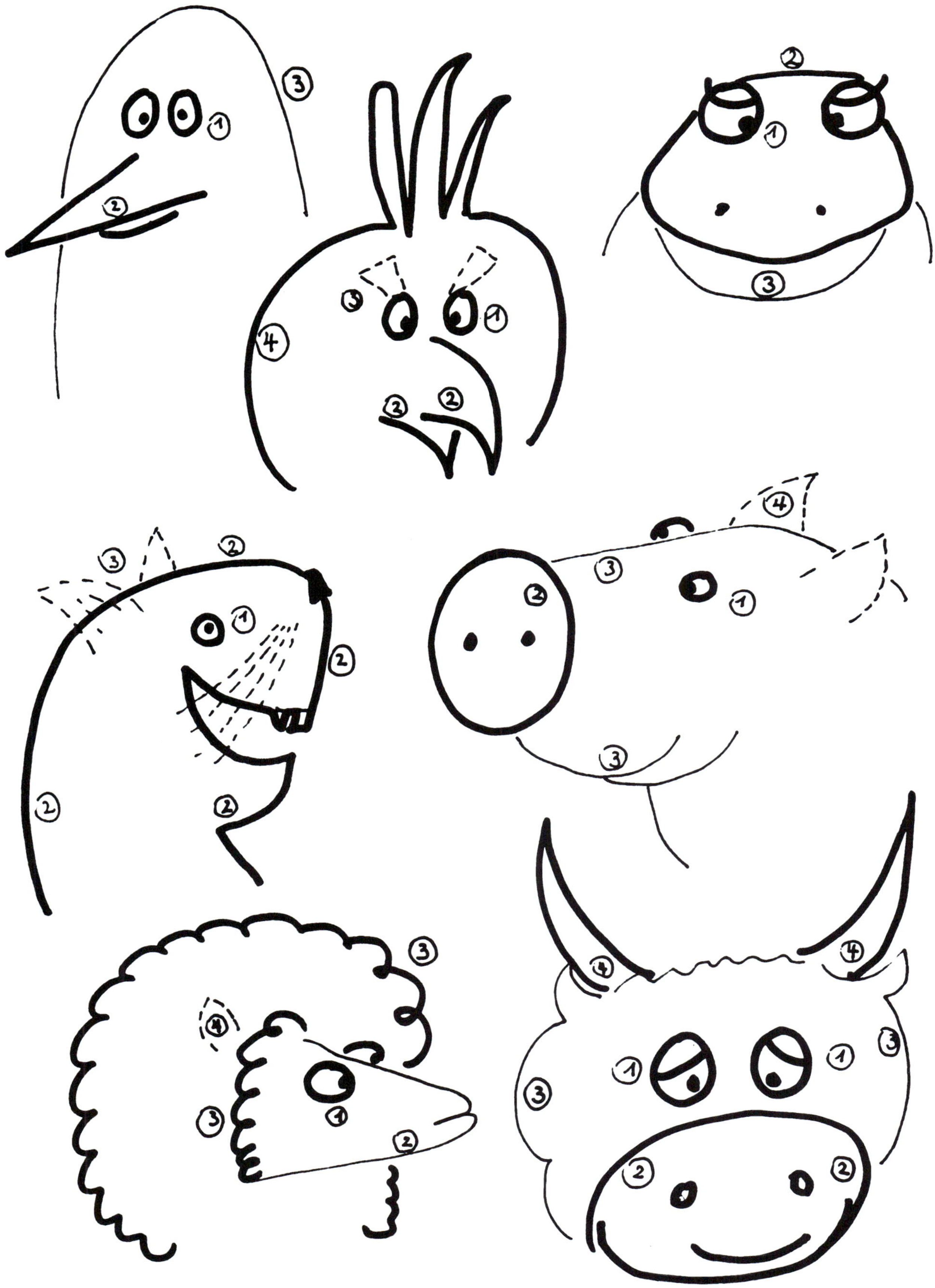

Tier-Mensch-Figuren – Uns geht's tierisch gut

Ergebnis

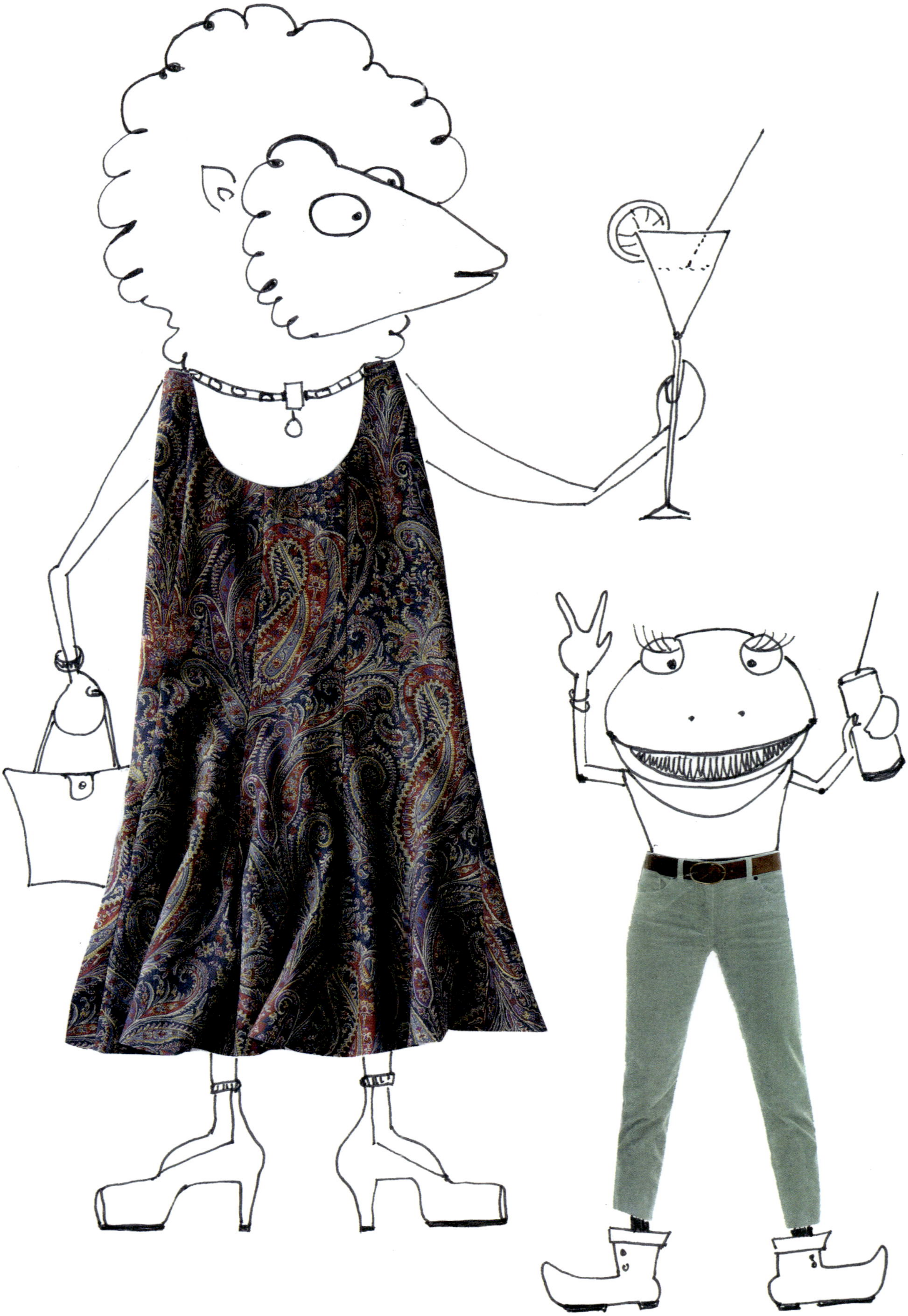

  ISBN 978-3-8346-2775-9 | www.verlagruhr.de

Bild und Schrift – Formen, Symbole, Geräusche

Sprech- und Denkblasen:

1. Blasen verbinden Bild und Text miteinander und unterstützen das Verständnis der dargestellten Handlung.
2. Eine Spitze (Keilform) verweist auf den Sprecher oder die Kommentare kommen aus dem „Off".
3. Sie werden, wie bei normalen Texten, von links nach rechts gelesen.
4. Ihre äußere Form weist auf spezielle Funktionen hin:

   a) Sprechen (geschlossene Umrisslinie)

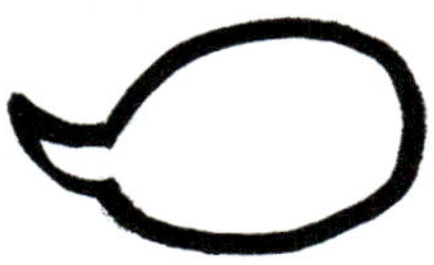

   b) Flüstern (durchbrochene Umrisslinie)

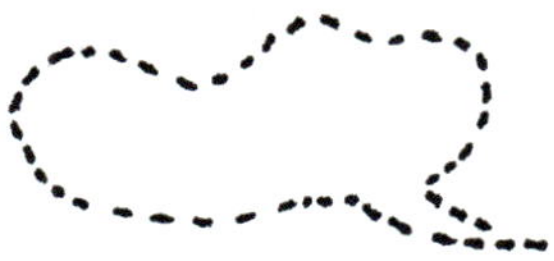

   c) Schreien (gezackte Umrisslinie)

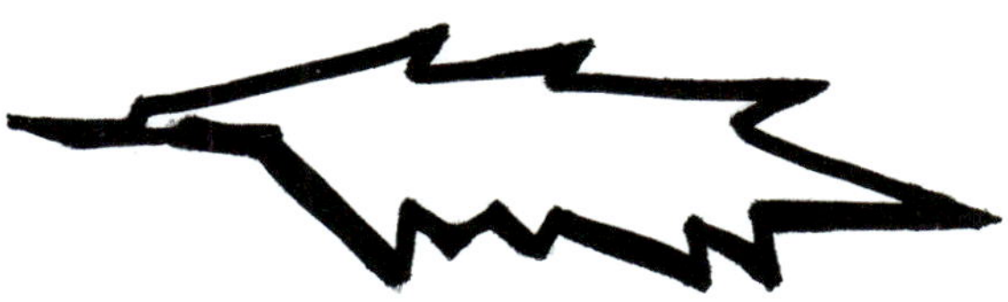

   d) Denken (vom Kopf ausgehende Wölkchen)

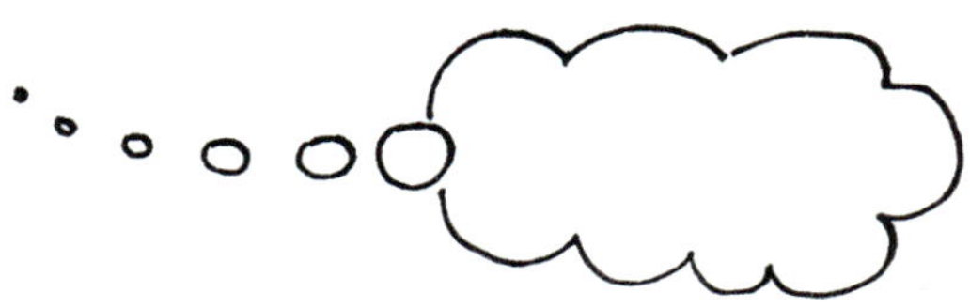

5. Gestalte mindestens drei verschiedene Sprech- sowie Denkblasen

Schrift („Lettering"):

1. Wörter werden wegen der besseren Lesbarkeit in Druckbuchstaben – meist Großbuchstaben – geschrieben.
2. Je größer und fetter die Schrift, desto lauter wird gesprochen.

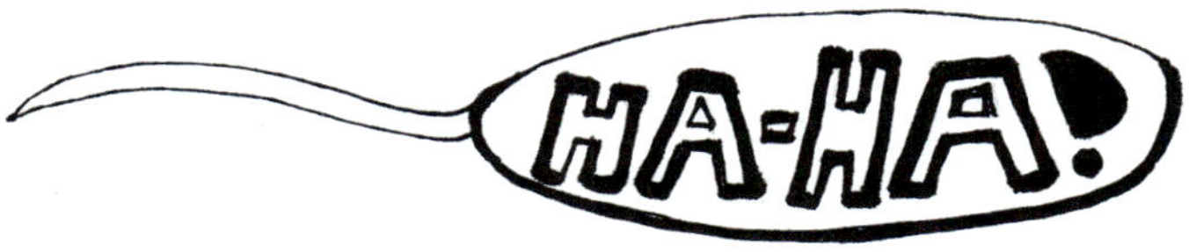

3. Buchstabenwiederholungen zeigen Dauer an.

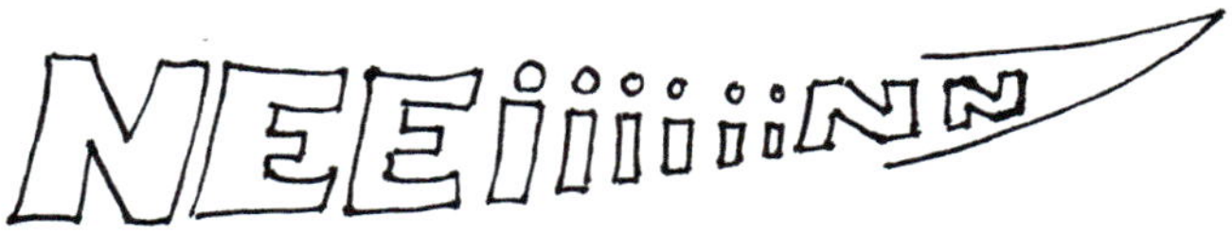

4. Nachhallen wird durch Wiederholen der Randlinien ausgedrückt.

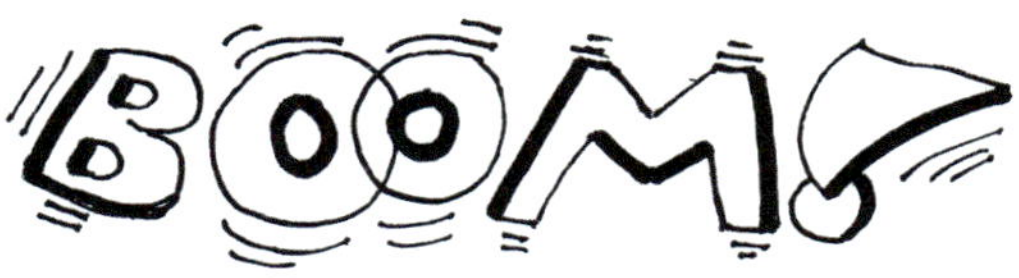

5. Denke dir sechs Wörter aus, bei denen du durch die unterschiedlich gestalteten Schriften
   - Lautstärke,
   - Wiederholungen sowie
   - Nachhallen

   ausdrückst.

Bild und Schrift – Formen, Symbole, Geräusche

Bildzeichen sind „Wörter“ (Symbole) in Form eines Bildes, das allgemein verstanden wird. Sie können auch ohne Blasenrand verwendet werden.

1. Erkläre, was folgende Bildzeichen bedeuten:

2. Stelle einige der folgenden Äußerungen und Ausrufe durch Blasen, Schrift und Bildzeichen dar. Zeichne deine Entwürfe auf ein DIN-A4-Blatt.

- Stopp!
- Mist!
- Wenn der wüsste …
- Guten Morgen.
- Leise, leise …
- Ich hau ab!
- Hilfe!
- Spitze!
- Diese Kälte …
- Ruhe!
- Verstehe ich nicht …
- Alles klar?

Bild und Schrift – Formen, Symbole, Geräusche

Onpos (Abkürzung des griechischen Wortes „Onomatopöie" = Lautmalerei) bringen Akustik ins Bild: Geräusche werden bildhaft vermittelt.

Beispiel:

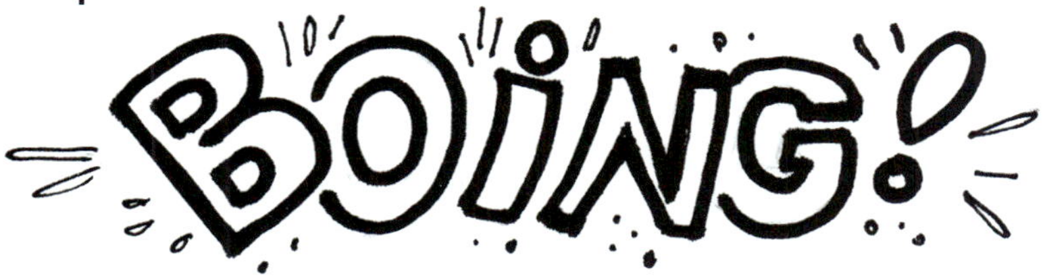

1. **Setze einige der folgenden Wörter lautmalerisch auf einem DIN-A4-Blatt im Comicstil um:**
   - Klirr
   - Platsch
   - Wumm
   - Quietsch
   - Knall
   - Täterää

2. **Action- und Speedlines sind Spezialeffekte, eine Art Bewegungsspur.**

   a) Parallele Linien täuschen vor, dass etwas wackelt oder ein Weg sehr schnell zurückgelegt wird.

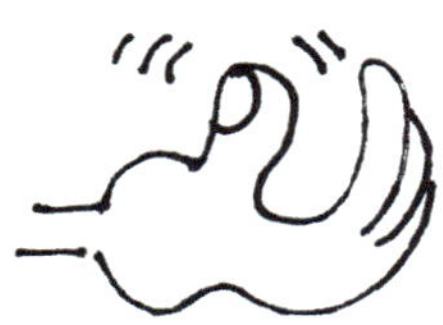

   b) Sternförmige Explosion von Strichen bedeutet, dass auf einen Punkt mit Wucht geschlagen wurde.

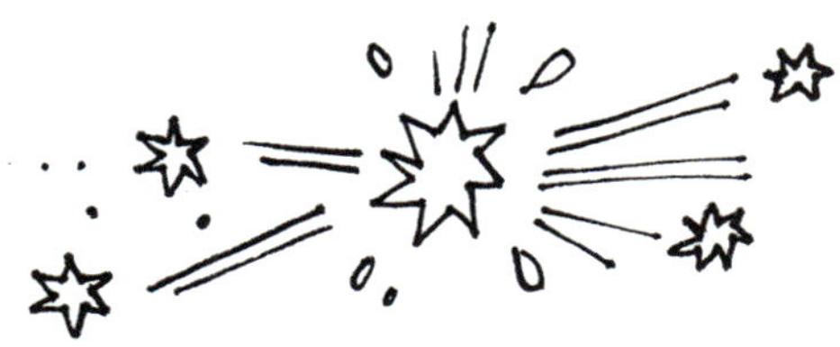

   c) Zischwolken deuten an, dass etwas schnell verpufft.

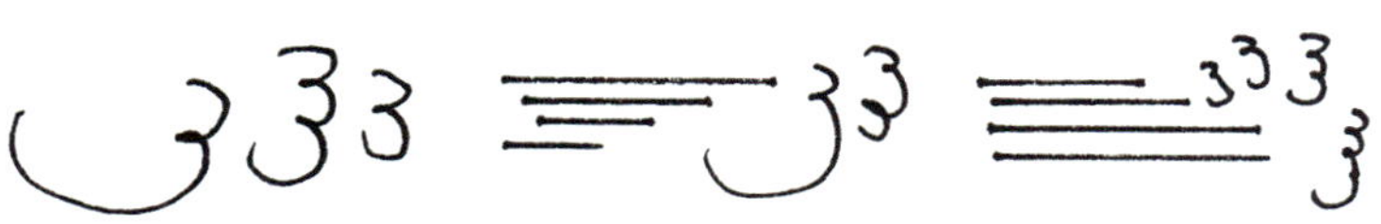

Tipp: Zeichne sie aus der Zahl drei und kurzen parallelen Strichen!

Bild und Schrift – Touristengruppe

Zeitaufwand: 2–3 Unterrichtsstunden

Jahrgangsstufe: 5–10

Material:
- weißes Zeichenpapier (DIN A3)
- Klebestift
- Bleistift
- Radiergummi
- Filz-/Buntstifte
- Arbeitsblatt „Bild und Schrift – Touristengruppe"
- Ergebnis von „Ganze Figuren – Stadtführung" in Klassenstärke
- alternativ: Foto einer Touristengruppe aus einer Zeitung
- Arbeitsblätter „Bild und Schrift – Formen, Symbole, Geräusche" als Vorübung

Kurzbeschreibung:

Die Schüler ergänzen eine vorgegebene Comic-Szene (hier: Touristengruppe bei einer Stadtführung) mit entsprechenden Sprech-, Denk- und Geräuschblasen.

Lehrplanbezug:

1. Die Schüler lernen Sprech-, Denk und Geräuschblasen als wesentliche Bildelemente des Comics kennen.
2. Sie ergänzen eine vorhandene Vorlage durch verschiedene Arten von Blasen zu einem Sprechbild und führen im Sinne einer Reizbild-Collage eine dargestellte Handlung kreativ fort.

Vorschläge zur Umsetzung:

1. Verwenden Sie Kopien des Ergebnisses zu „Ganze Figuren – Stadtführungen", oder eine andere Comic- bzw. Foto-Vorlage als Arbeitsgrundlage.
2. Da die Schüler das DIN-A4-Blatt auf eine größere Hintergrundfläche (DIN A3) kleben, entsteht genügend Zeichenfläche für verschiedene Blasen und Geräuschwörter. Es wird dabei über den Rand des aufgeklebten Bildes hinausgearbeitet!
3. Lassen Sie im Vorfeld die Arbeitsblätter „Bild und Schrift – Formen, Symbole, Geräusche" bearbeiten, die die Schüler mit den verschiedenen Möglichkeiten, ein Sprechbild zu gestalten, vertraut machen.
4. Je nach Zeitlimit können folgende Erweiterungen vorgenommen werden:
   - weitere Personen dazuzeichnen
   - Figuren und Blasen farbig ausgestalten
5. Das Thema eignet sich in Kurzversion auch für Vertretungsstunden.

Bild und Schrift – Touristengruppe

1. **Zeichenvorlage:**
   Klebe die Kopie der Vorlage einer Touristengruppe einer Touristengruppe in die Mitte eines DIN-A3-Blattes. Wenn es eine Vorlage im Comic-Stil ist, kannst du nach Belieben noch weitere Comicfiguren ergänzen. Wenn es eine Foto-Vorlage ist, orientierst dich an der Vorlage, um anhand der auf dem Foto abgebildeten Touristengruppe eine Touristengruppe im Comic-Stil zu entwerfen. Achte auch dabei darauf, unterschiedliche Typen zu entwerfen.

2. **Formen, Symbole, Geräusche:**
   Überlege dir, was die einzelnen Personen wie sagen oder denken und welche Geräusche sie machen bzw. welche aus dem „Off" kommen. Fertige zunächst mit Bleistift eine Vorzeichnung an. Beachte dabei Folgendes:
   Zeichne Blasen, die sich in Form und Größe deutlich voneinander unterscheiden. Verwende verschiedene Buchstabenformen oder Symbole. Denke auch an Geräusche, die erzeugt werden könnten, sowie an die Verwendung von Speed- und Actionlines.
   Zeige deutlich, von wem die Äußerungen stammen oder ob sie aus dem „Off" kommen.

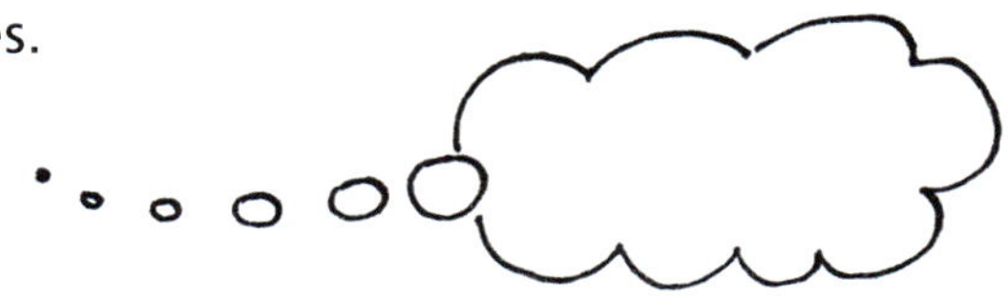

3. **Farbige Akzente:**
   Koloriere die Personen mit Buntstiften.
   Gib den Blasen und Buchstaben markante schwarze Umrisse (Filzstift).

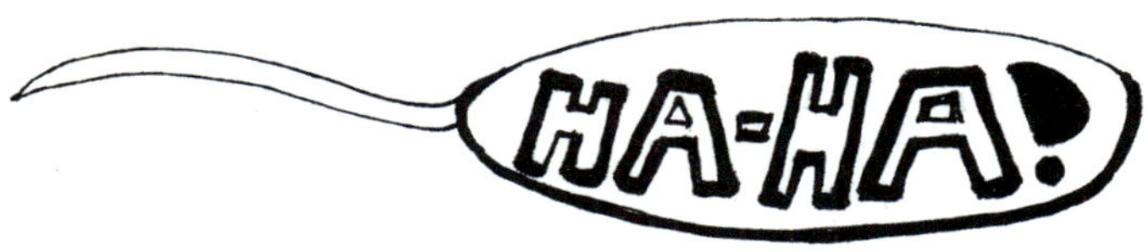

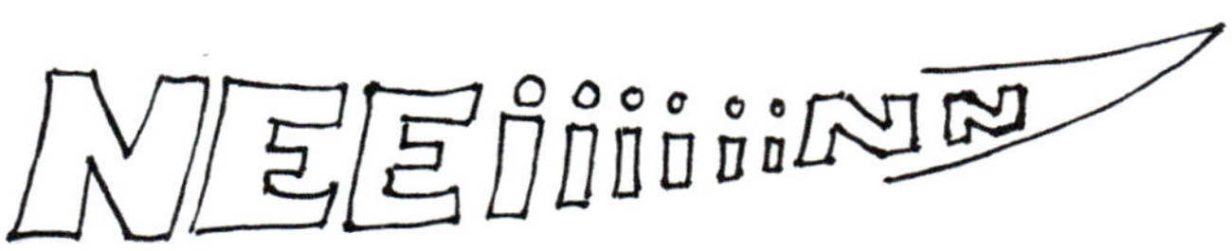

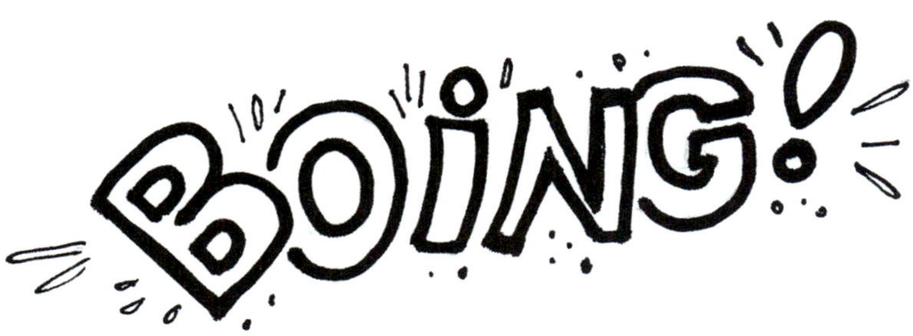

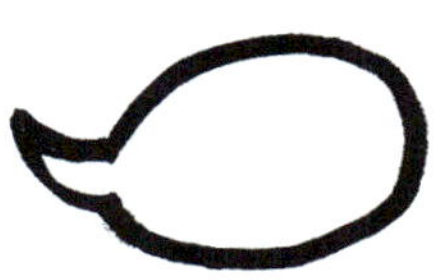

Bild und Schrift – Touristengruppe

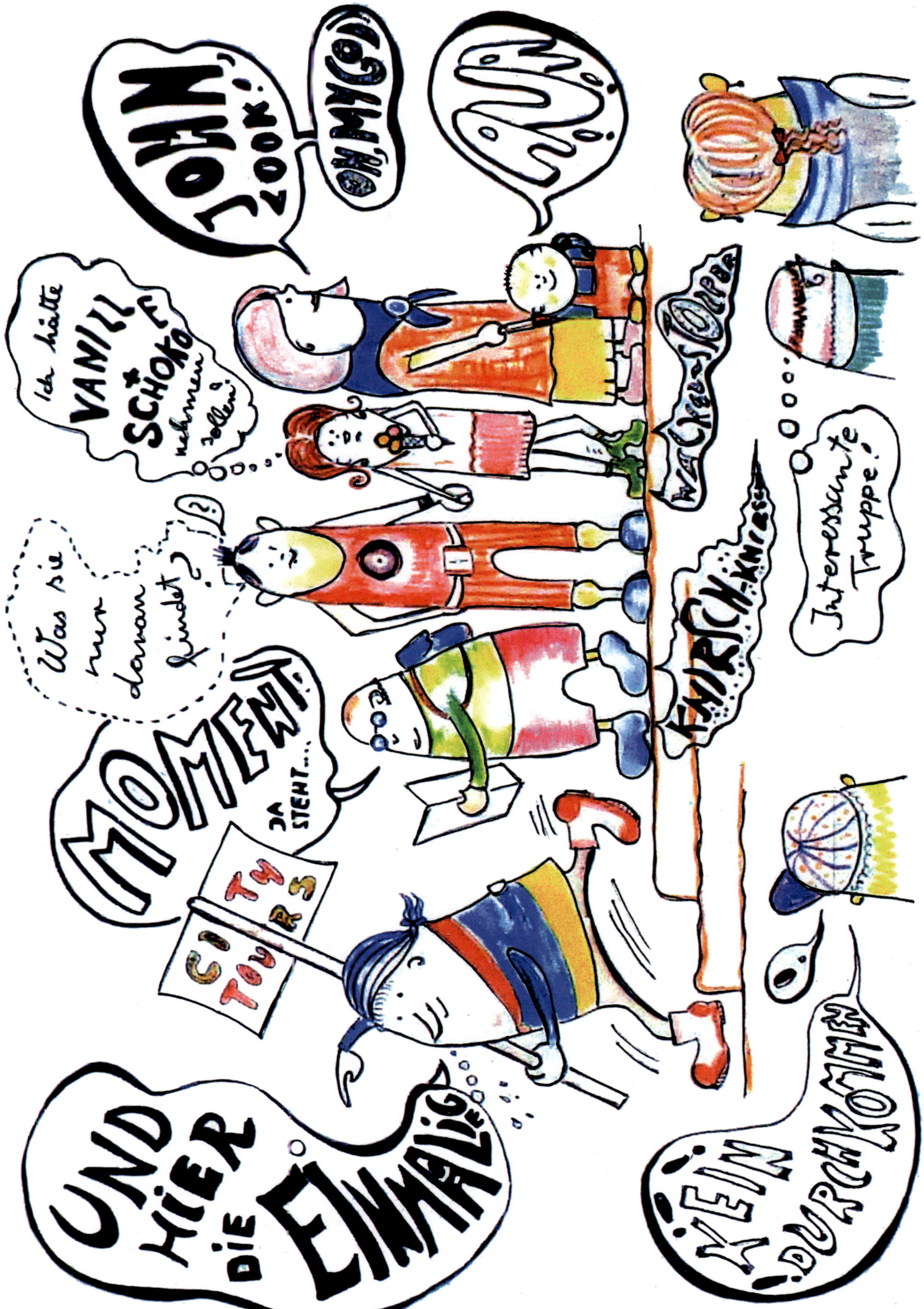

© Verlag an der Ruhr | Autorin: Gerlinde Blahak | ISBN 978-3-8346-2775-9 | www.verlagruhr.de

Bild und Schrift – Küchengespräche

Zeitaufwand: 4 Unterrichtsstunden

Jahrgangsstufe: 5–10

Material:
- weißes Zeichenpapier DIN A4/DIN A3
- Bleistift
- Radiergummi
- Filzstifte
- Arbeitsblatt „Bild und Schrift – Küchengespräche" in Klassenstärke
- Zeichenvorlage „Bild und Schrift – Küchengespräche" (als Folie)

Kurzbeschreibung:

Die Schüler ordnen auf Küchenregalen verschiedene Geräte und Lebensmittel zeichnerisch nebeneinander an. Sie verwandeln die Objekte in Comicfiguren, die in Sprechblasen für sie typische Geräusche von sich geben.

Lehrplanbezug:

1. Die Schüler erproben das Verfremden und Verzerren von Alltagsgegenständen zu Comicfiguren.
2. Sie setzen in Sprechblasen (grafische Chiffren) Geräusche als akustische Signale ein.
3. Sie beziehen Schrift und Bild in Form und Inhalt aufeinander.

Vorschläge zur Umsetzung:

1. Achten Sie bei den Entwürfen darauf, dass die einzelnen Gegenstände so nebeneinanderstehen, dass noch genügend Platz für die Sprechblasen bleibt.
2. Zeigen Sie im Vorfeld mithilfe der Folie, wie sich einzelne Objekte zu Comicfiguren umgestalten lassen.
3. Die farbige Ausgestaltung erfolgt mit Filzstiften. Weisen Sie darauf hin, dass nicht die gesamte Fläche des Gegenstands ausgemalt werden muss. Es genügt die Betonung der Umrisse oder der Einsatz von Farbakzenten.

Bild und Schrift – Küchengespräche

1. **Blatteinteilung:**
Nimm ein weißes Zeichenblatt (DIN A4/ DIN A3) waagrecht. Zeichne mit Bleistift zwei Regalbretter (ca. 0,5 cm hoch). Diese teilen die Blattfläche in Drittel. Verwende dazu ein Lineal.

Tipp: Die Bretter können von Rand zu Rand laufen oder, wie die Wandborde, unterschiedliche Länge aufweisen.

2. **Entwerfen der Gegenstände:**
Überlege dir eine Reihe von Gegenständen (oder Lebensmitteln), die auf Küchenregalen stehen könnten, z. B.
- Töpfe und Pfannen (mit und ohne Deckel)
- Besteck
- Gewürzdosen, Kaffeekanne, Flaschen
- Reinigungsutensilien, wie Besen, Lappen …

Zeichne die Gegenstände mit möglichst geringen Überschneidungen nebeneinander. Gib Umrisslinien „Bewegung", versieh die Objekte mit Gesichtern, Armen und Beinen. Die Gesichtszüge (Augen, Nase, Mund) können innerhalb der Objektfläche liegen oder aufgesetzt werden. Arme und Beine werden aus dünnen Linien gestaltet („Strichmännchen"), Hände und Füße lassen sich als kleine Ovale darstellen. Als Comicfiguren sind die Gegenstände „in Aktion": Sie laufen, sitzen, lassen die Beine baumeln usw. Sie können auch kleinere Objekte in Händen halten.

Hinweis: Achte darauf, dass zwischen den Figuren noch Platz für Sprechblasen bleibt!

3. **Sprechblasen:**
Zeichne in die verbliebenen Flächen Sprech- oder Denkblasen, die von den einzelnen Figuren ausgehen. Sie sollen in Außenform und Inhalt zu den dargestellten Gegenständen passen. Jedes Küchengerät hat eine Funktion bzw. gibt bestimmte Geräusche von sich, die du in Großbuchstaben in die Blasenfläche schreibst, z. B.
- *Topf:* Brodel, Zisch, Dampf
- *Flasche:* Tröpfel, Spritz
- *Löffel:* Rühr, Blubb
- *Brezel:* Knusper, Schmatz

Tipp: Du kannst statt Sprechblasen auch Denkblasen (Wölkchen) zeichnen.

Die Buchstaben können auch innerhalb der Blase Richtung und Größe ändern.

4. **Farbige Ausgestaltung:**
Ziehe alle Linien der Bleistiftvorzeichnung mit einem dünnen, schwarzen Filzstift nach. Gib den Sprechblasen einen breiteren, schwarzen „Comic-Rand" und ziehe die Buchstaben nochmals nach, damit sie gut lesbar werden. Gestalte die Gegenstände mit Filzstiften in bunten Farben aus. Denke auch daran, unterschiedliche Muster und verschiedene Farben einzusetzen. Gib der Hintergrundfläche der Blasen mit Bleistift einen Grauton (Schummern), um sie deutlicher hervorzuheben.

Bild und Schrift – Küchengespräche

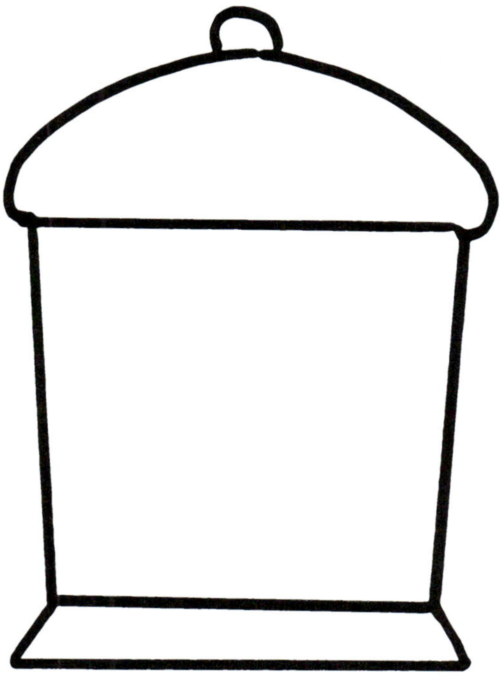

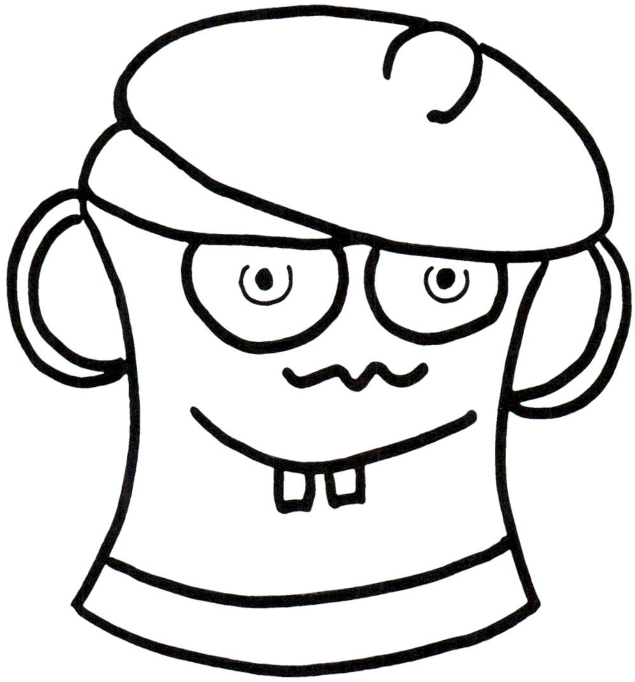

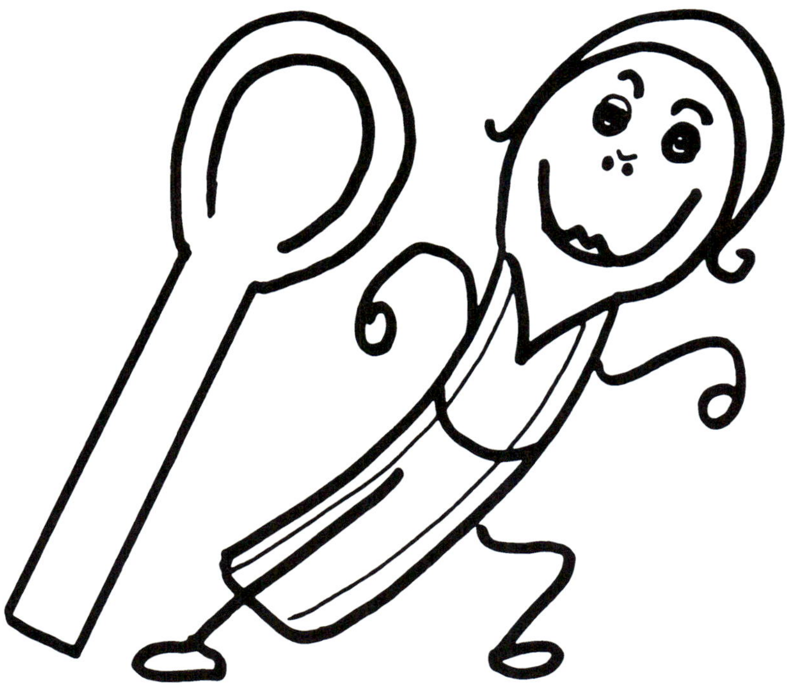

Bild und Schrift – Küchengespräche

Ergebnis

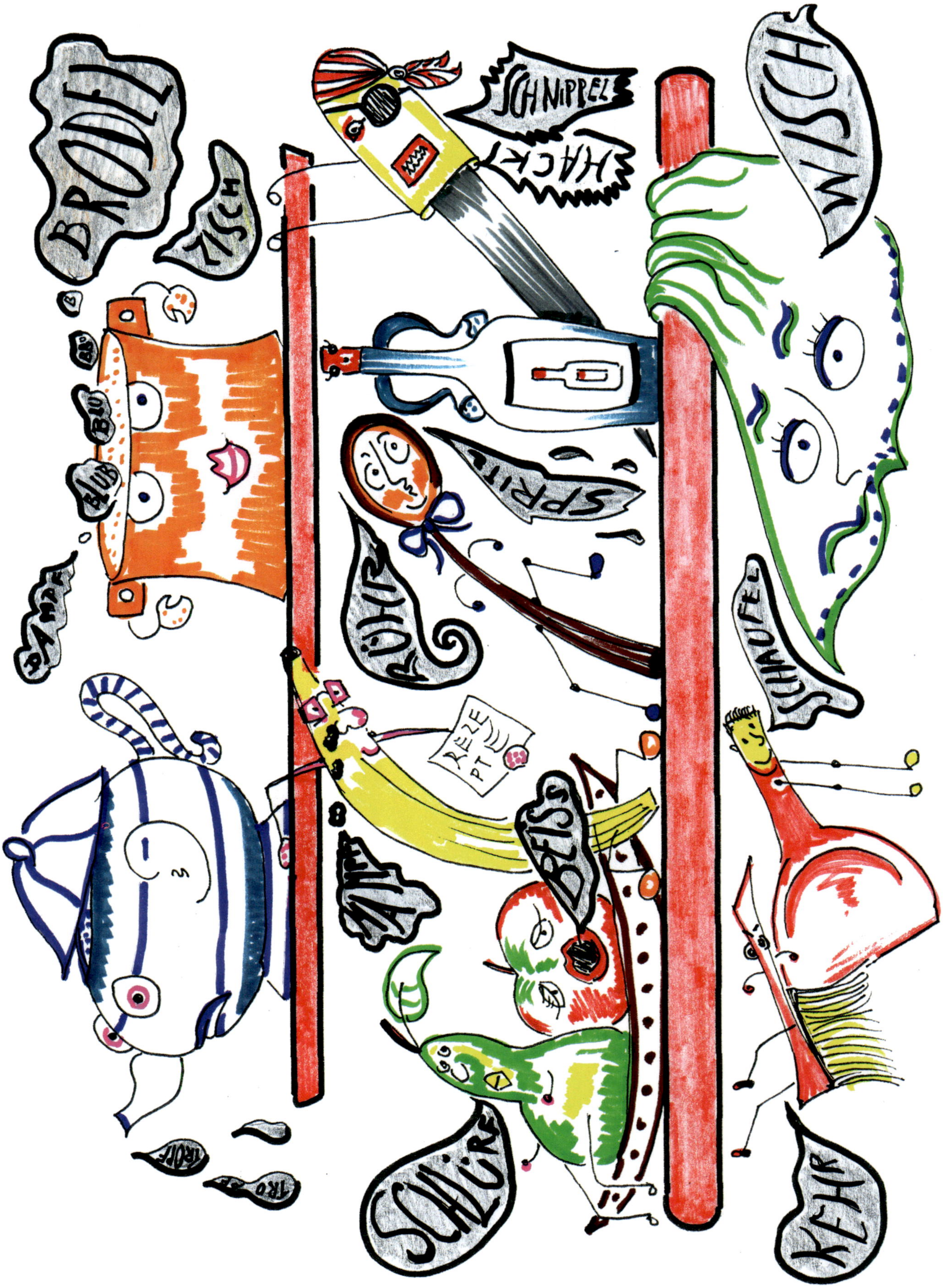

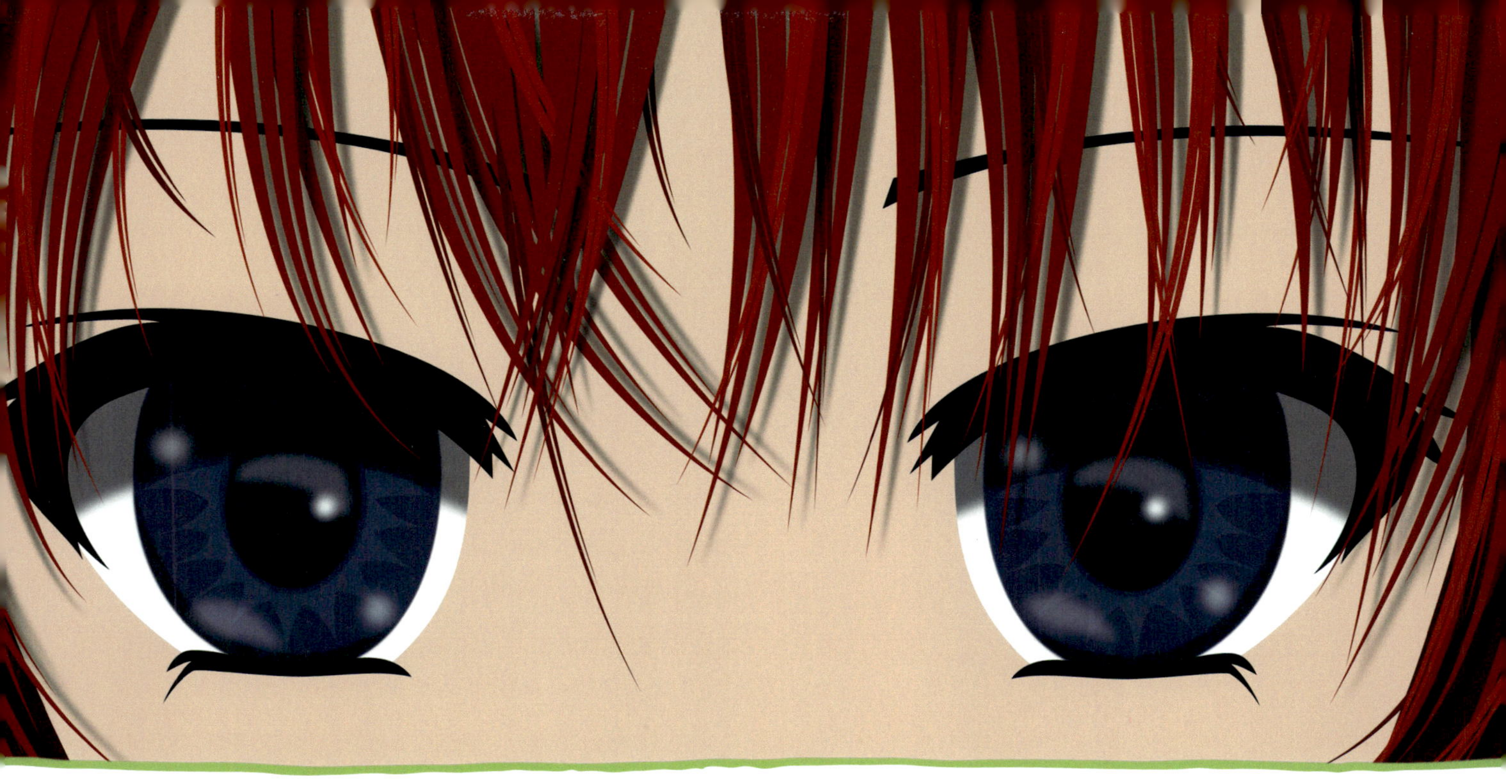

Manga

Zeichenanleitungen

Personen zeichnen

Infoblatt Manga

Der Name „Manga" bedeutet „zwangloses, spontanes Bild".

Seit der Zeit nach dem Zweiten Weltkrieg gilt Osamu Tezuka als der Wegbereiter des modernen Manga. Seine Zeichnungen sind beeinflusst von frühen Disneyfilmen. Er schuf die Grundlagen des heutigen Manga-Stils.

Schon im 12. Jahrhundert gab es in Japan bis zu 30 Meter lange Papierrollen mit gezeichneten Bildergeschichten.

Der Begriff „Manga" bezeichnete ursprünglich nur Comics aus Japan, jetzt wird er auch für Comics aus anderen Ländern verwendet, die den Manga-Stil verwenden.

Ein charakteristisches Element ist das sogenannte „Kindchenschema": Es zeigt Gesichter mit stark vergrößerten Kulleraugen.

Die Leserichtung für Manga, auch innerhalb eines Einzelbildes, ist von rechts nach links.

Und noch ein bisschen Fachsprache:
SD (super deformed) = Charaktere, die auf etwa die Hälfte ihrer Körpergröße geschrumpft wurden, sodass sie besonders niedlich und puppenhaft wirken.

Anime = japanischer Zeichentrickfilm

Mangaka = Mangazeichner

Shojo = Mädchenmanga
(Thema: Liebe und Freundschaft)

Shonen = Jungen-Manga
(Thema: Abenteuer und Action)

Köpfe – Kindchenschema

1. **Die Kreis-V-Kreuz-Methode für Köpfe in Vorderansicht:**
   Zeichne einen Kreis und teile ihn mit einer senkrechten Hilfslinie in der Mitte in zwei Hälften (1).

   Schräge die seitlichen (Wangen-)Partien etwas ab und verlängere die untere Kreislinie so, dass ein sanft gerundetes „V" entsteht (2 a). Wenn du einen Jungen darstellen willst, wird die Kinnpartie etwas schmaler und eckiger (2 b).

   Zeichne nun für die Lage der Augen eine waagrechte Hilfslinie ein:
   Sie teilt die Gesichtsfläche in zwei Drittel (oben) und ein Drittel (unten) auf.
   Da für Manga das sogenannte „Kindchenschema" typisch ist, sitzen die Augen relativ weit unten in der Fläche, das heißt, die waagrechte Trennlinie geht ungefähr durch die Mitte der Augen (3).
   Mit Hilfslinien über und unter der Waagrechten kannst du bereits die Höhe der Augen festlegen.

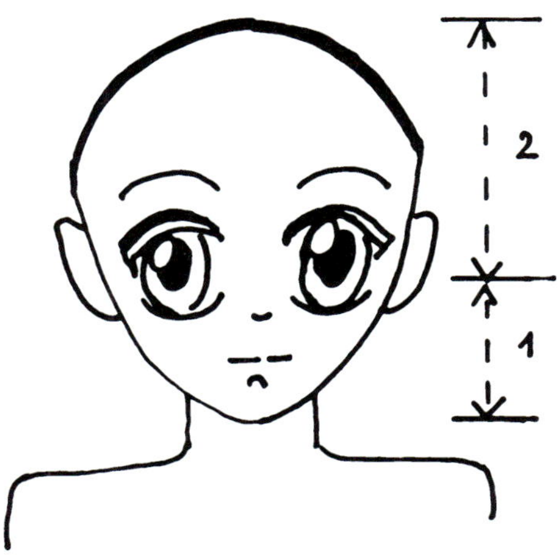

2. **Weitere Ausgestaltung:**
   Zeichne eine Hals-Schulter-Partie, damit du dir deine Mangafigur besser vorstellen kannst: Mädchen haben sehr schmale, Jungen etwas breitere Schultern.
   Die Nase wird als kleiner, gebogener Strich dargestellt und sitzt auf der Mittellinie zwischen Augen und Kinn. Den Mund deuten zwei kurze Striche an. Er liegt näher an der Nase als am Kinn. Der Beginn des Kinns wird durch ein kleines Häkchen unterhalb des Mundes markiert. Die Ohren sitzen seitlich zwischen oberem Augenrand und Nasenspitze.

3. **Köpfe in Seitenansicht:**
   Beginne wieder mit einem Kreis. Füge dort, wo Nase und Kinn sitzen sollen, eine schmale geschwungene Zusatz-Fläche an (4 a).
   Zeichne die Profillinie von Nase, Mund und Kinn in diese Fläche ein.

   - Die Nase steht am weitesten vor.
   - Die Oberlippe ist schmaler als die Unterlippe. Beide werden nur angedeutet.
   - Das Kinn weicht gegenüber der Nase zurück (4 b).

   Zeichne auch hier Hilfslinien für die Lage des Auges ein.

Köpfe – Kindchenschema

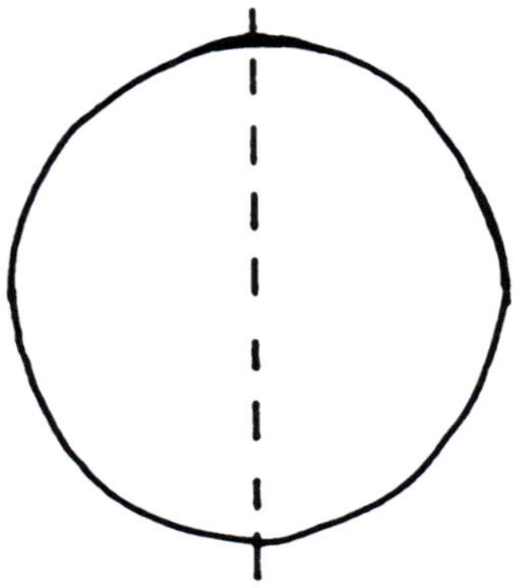

1

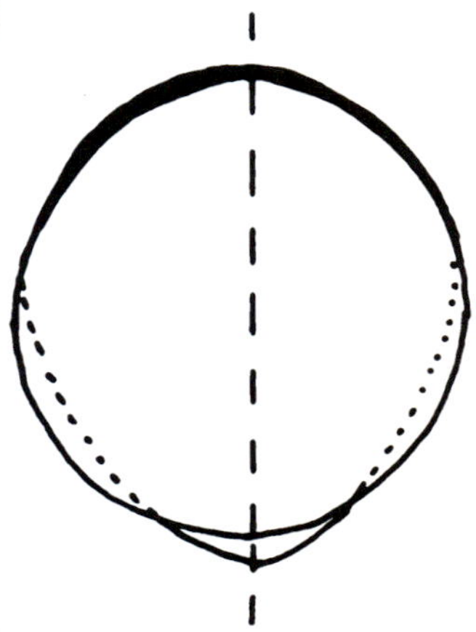

2a

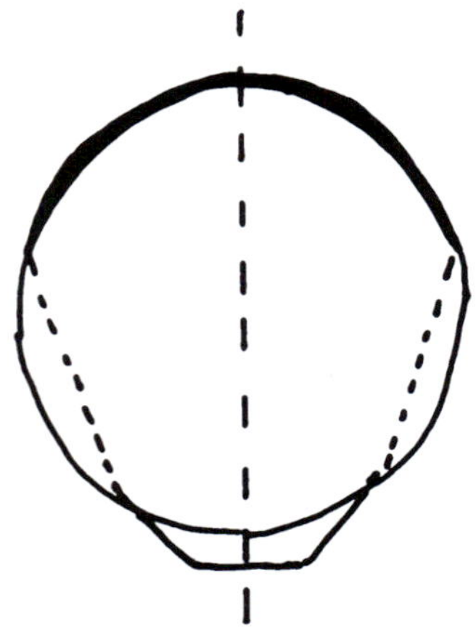

2b

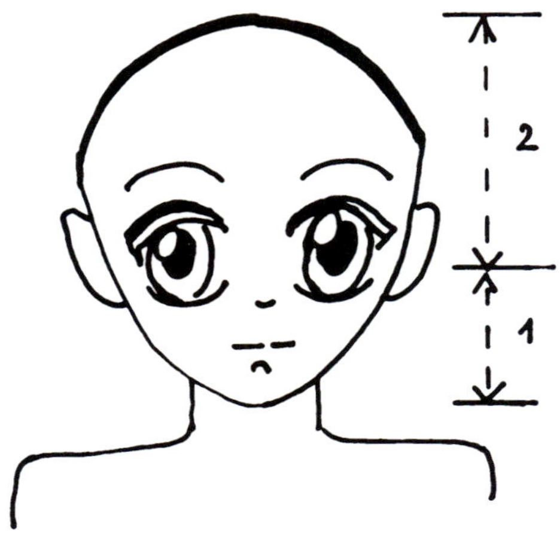

3

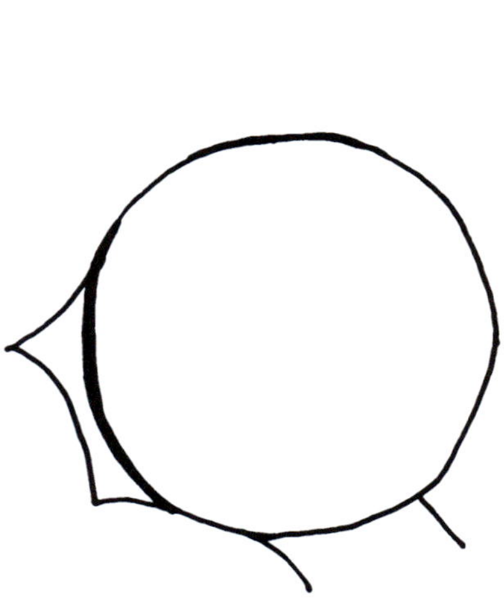

4a

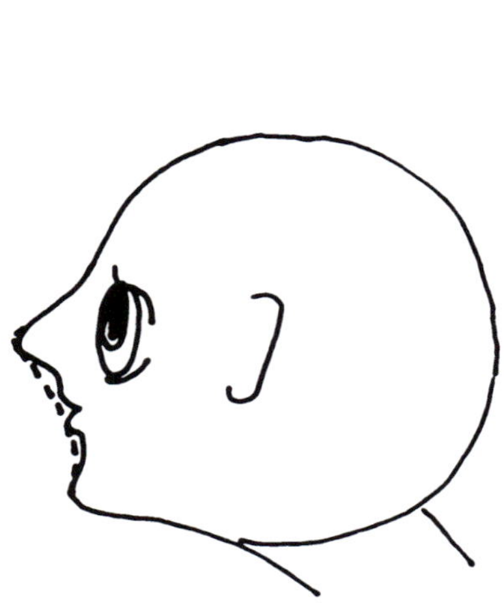

4b

Augen – Kugelrund

Ein typisches Stilelement für Manga-Charaktere sind die großen Augen mit Glanzpunkten („Kulleraugen“).

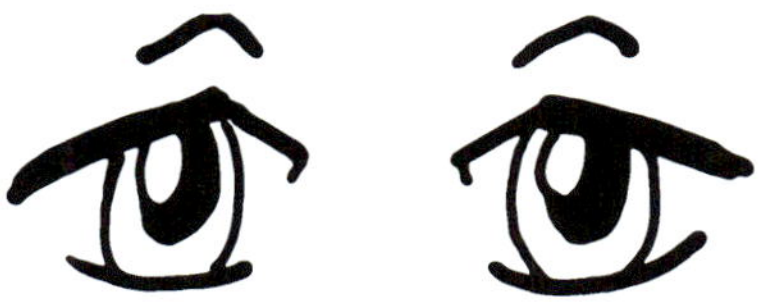

1. **Augenhöhe:**
   Zeichne durch die Gesichtsfläche (Kreis) eine waagrechte Hilfslinie, die die Fläche in zwei Drittel (obere Hälfte) und ein Drittel (untere Hälfte) teilt. Diese Linie geht durch die Mitte der Augen. Deute die Höhe durch zwei weitere Linien darunter und darüber an, damit sie gleich hoch im Gesicht sitzen.

2. **Augenbreite:**
   Zeichne zwischen diese beiden Linien zwei Ovale, die die jeweilige Iris darstellen. Jungen-Figuren erhalten eine kleinere und rundere Iris. Setze die Augen so ins Gesicht, dass der Abstand zwischen ihnen eine weitere Augenlänge beträgt.

   Zeichne in die Iris eine Pupille, die in der Form der Iris entspricht und genau in der Mitte sitzt. Deute den oberen und unteren Lidrand mit kurzen gebogenen Linien an (1). Das obere Lid überlagert einen Teil der Iris. Verstärke das obere Augenlid und deute zusätzlich den äußeren Augenwinkel und die Lidfalte an (2).

3. **Weitere Ausgestaltung:**
   Setze Glanzpunkte (runde Flächen) versetzt auf Iris und Pupille und radiere innerhalb der Punkte alle Hilfslinien weg (3).

   Hinweis: Die Glanzpunkte müssen bei beiden Augen auf derselben Seite liegen, sonst tritt ein „Schieleffekt“ ein!

   Male die Pupille schwarz aus. Zeichne über die Augen Augenbrauen, die im Allgemeinen der Augenform folgen (4). Bei Jungen liegen sie sehr nahe am Auge und sind auch breiter oder buschiger (5).

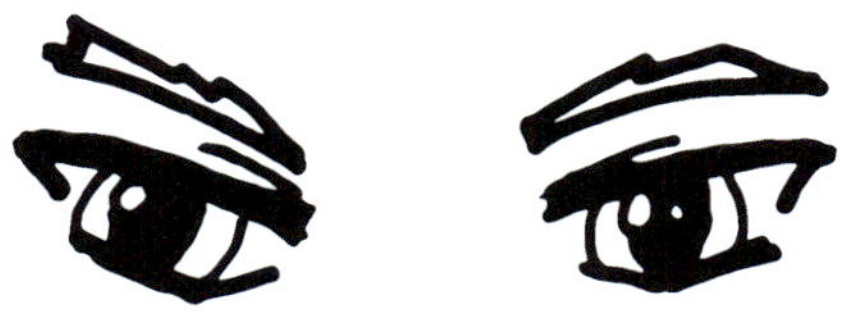

Hinweis: In der Seitenansicht (im Profil) erscheint das Manga-Auge als stark verkürztes Oval (siehe Arbeitsblatt „Köpfe“).

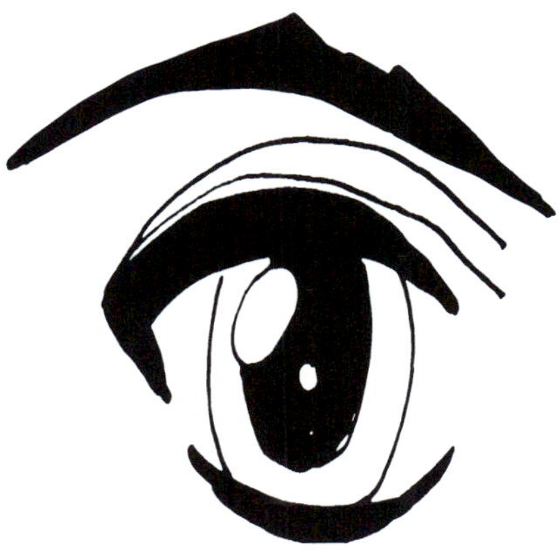

Augen – Kugelrund

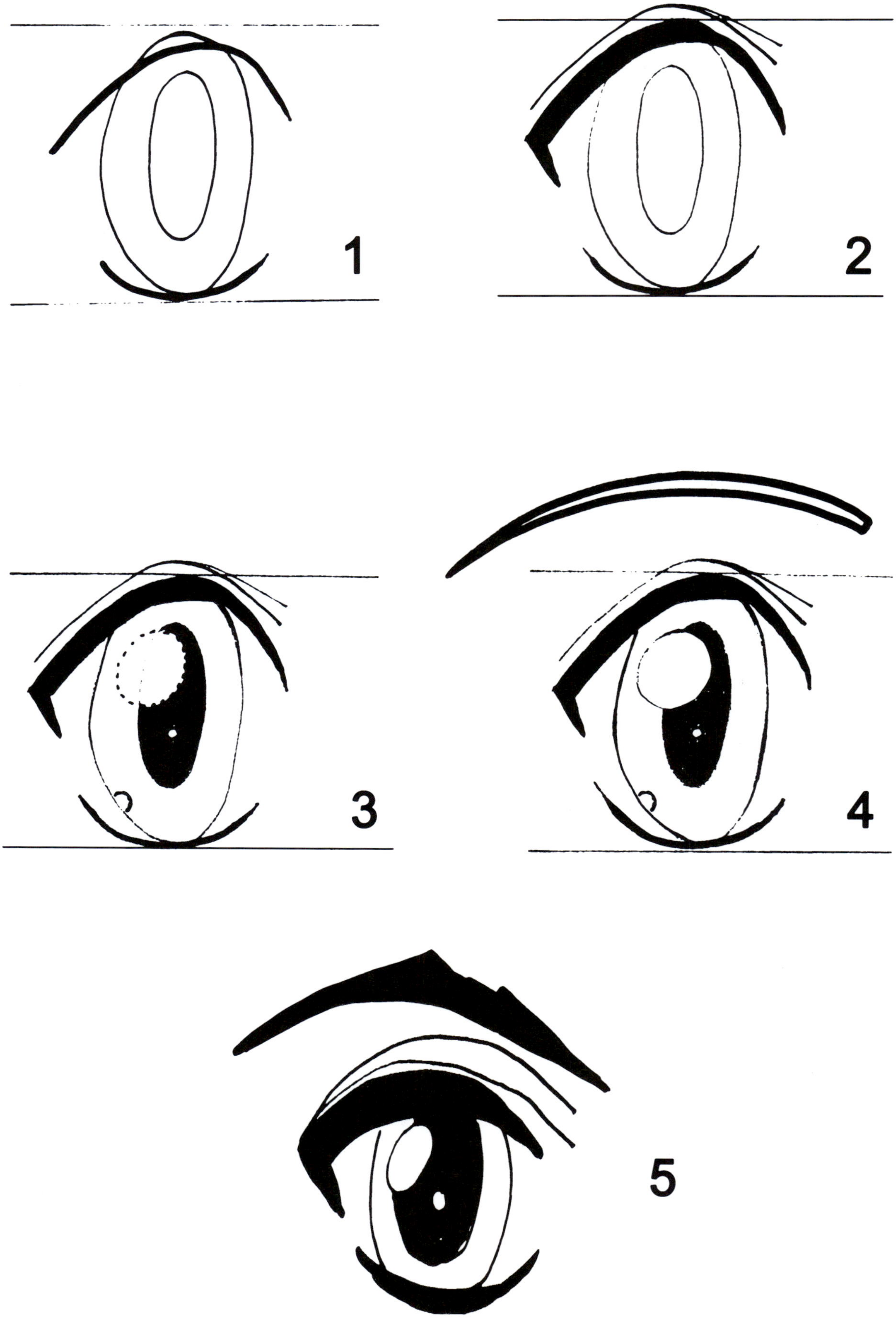

Haare – Schnittig

1. **Kopf zeichnen:**
   Zeichne ein Kopfoval mit Augen, Mund, Nase und Ohren (siehe Arbeitsblatt „Köpfe").

2. **Haare als „Helm":**
   Lege mit Bleistift die Ansatzlinie der Haare im Gesicht fest. Von der Stirn bis zu den Ohren entsteht eine helmartige Fläche (siehe Strichellinien bei den Skizzen).

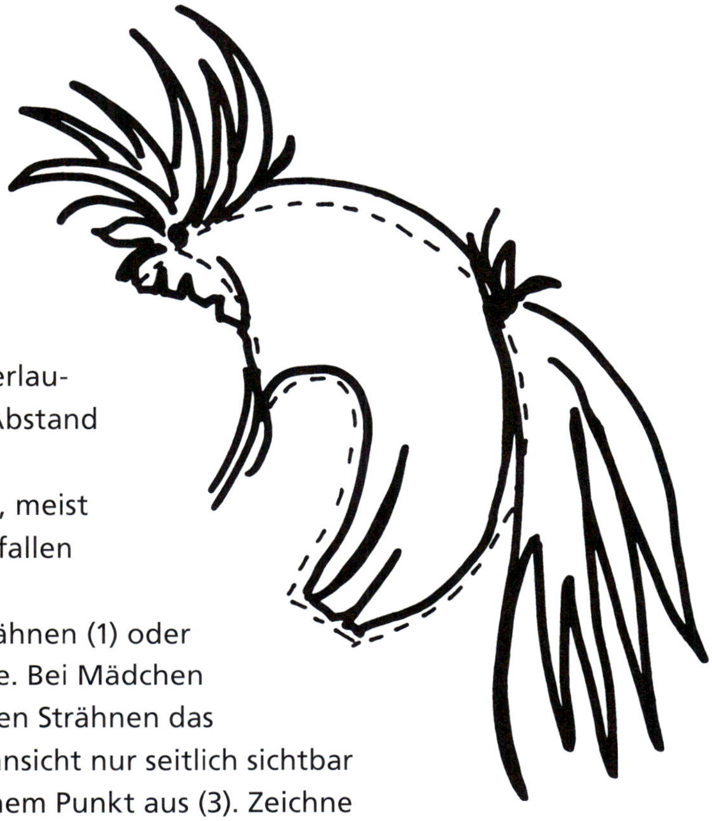

3. **Frisuren:**
   Alle Haarpartien, die du jetzt zeichnest, verlaufen in einem mehr oder weniger großen Abstand zur vorgezeichneten Kopffläche.
   Haarspitzen stehen von der Kopffläche ab, meist von einem Wirbelpunkt aus. Ponyfransen fallen von der Haaransatzlinie ins Gesicht.
   Bei Jungen enden die Haare in spitzen Strähnen (1) oder fallen, je nach Mode, schräg über ein Auge. Bei Mädchen umrahmen die Haare in Wellen oder glatten Strähnen das Gesicht. Ein Pferdeschwanz ist bei Vorderansicht nur seitlich sichtbar (2) oder geht bei der Seitenansicht von einem Punkt aus (3). Zeichne zuerst fest umrissene Haarflächen und lockere sie erst dann in einzelne Strähnen auf.

4. **Ausgestaltung:**
   Entferne zum Schluss alle Hilfslinien und ziehe die Konturen sauber mit schwarzem Filzstift in unterschiedlicher Stärke nach.

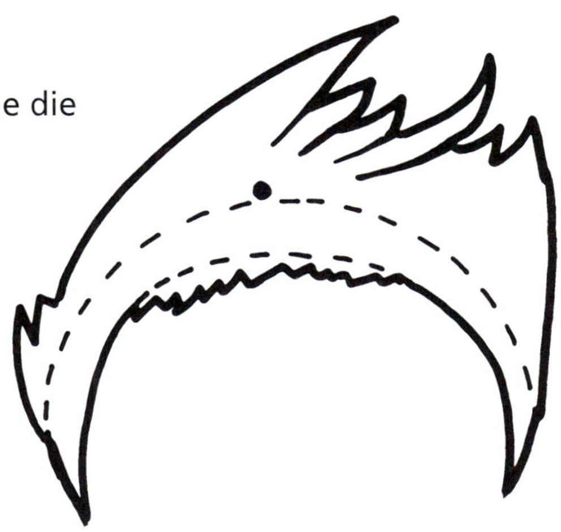

© Verlag an der Ruhr | Autorin: Gerlinde Blahak | ISBN 978-3-8346-2775-9 | www.verlagruhr.de

Haare – Schnittig

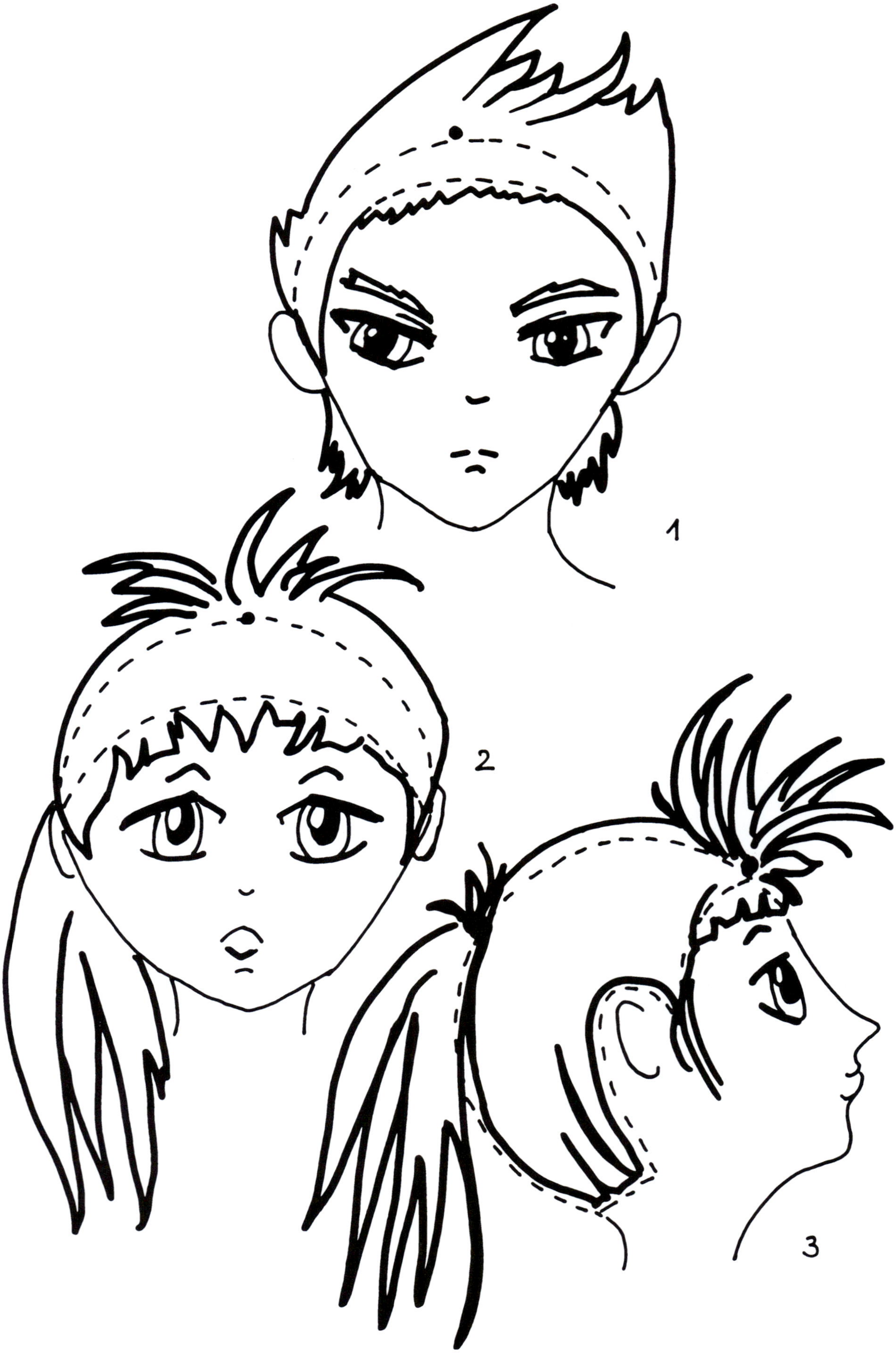

Körper – Marionette

1. Grundskizze:
Der Körper der Mangafiguren wird nach Art einer Marionette mit Kugelgelenken an den beweglichen Stellen konstruiert (siehe Zeichenvorlage „Körper").

Tipp: Baue deine Figur zunächst nur aus Kreisen und Strichen auf. Zeichne noch kein Körpervolumen.

Skizziere mit Bleistift, damit du die Hilfslinien später ausradieren kannst.

a) Kopf:
Beginne deine Zeichnung mit einem Kopfoval, das dann später wieder als Bezugsgröße verwendet wird. Deute auch durch Hilfslinien die Mittelachse und die Lage der Augen an. Zeichne im Anschluss einen kurzen Halsansatz (1).

b) Schulterpartie:
Die Schulterbreite entspricht der Höhe des Kopfes, den man 2-mal nebeneinander anordnet (2). Beachte, dass Jungen breitere und eckigere Schultern haben als Mädchen.

c) Oberkörper:
Von den Schultergelenken ausgehend, zeichnest du den Brustkorb. Die Maßeinheit für die Länge ist wieder das Kopfoval.Darunter skizzierst du einen kleinen Kreis, der als bewegliche „Gelenk-Kugel" in den Brustkorb und das darunterliegende Becken hineinreicht (3).

d) Arme:
Vom Schultergelenk aus zeichnest du Ober- und Unterarme (gleich lang!) mit Handgelenk und Händen, die du zunächst als kleine, ovale Flächen darstellst. (4).

Tipp: Die Ellbogen sollen im Taillenbereich liegen!

e) Hüfte:
Der Beckenbereich wird als „Badehose" gezeichnet, in der sich die Hüftgelenke befinden. Beachte, dass Mädchen ein etwas breiteres Becken als Jungen haben! (5). Mit dem Beinausschnitt legst du auch schon die ungefähre Breite der Oberschenkel fest.

f) Beine:
Ober- und Unterschenkel, getrennt durch die Kniescheibe, sind an den Hüftgelenken verankert und entsprechen in ihrer Gesamtlänge der Länge von Kopf, Oberkörper und Becken. Ober- und Unterschenkel sind etwa gleich lang (6).

g) Füße:
Skizziere sie zunächst als kleine, von den Fußgelenken ausgehende Flächen (7).

2. Ausarbeitung:
Gib nun zum Schluss deiner Figur Volumen: Zeichne Kleidungsstücke um und über die skizzierten Teile. Versuche, einige Details, wie Nähte, Falten usw., einzufügen. Skizziere auch Muskelpartien und arbeite eventuell Hände und Füße genauer aus. Ergänze Gesichtszüge und Haare. Ziehe alle Linien, die du erhalten willst, mit dünnem, schwarzem Filzstift nach. Entferne alle Hilfslinien. Koloriere deine Mangafigur mit Malstiften und bringe auch Schattenpartien (z. B. mit Bleistift) an.

Körper – Marionette

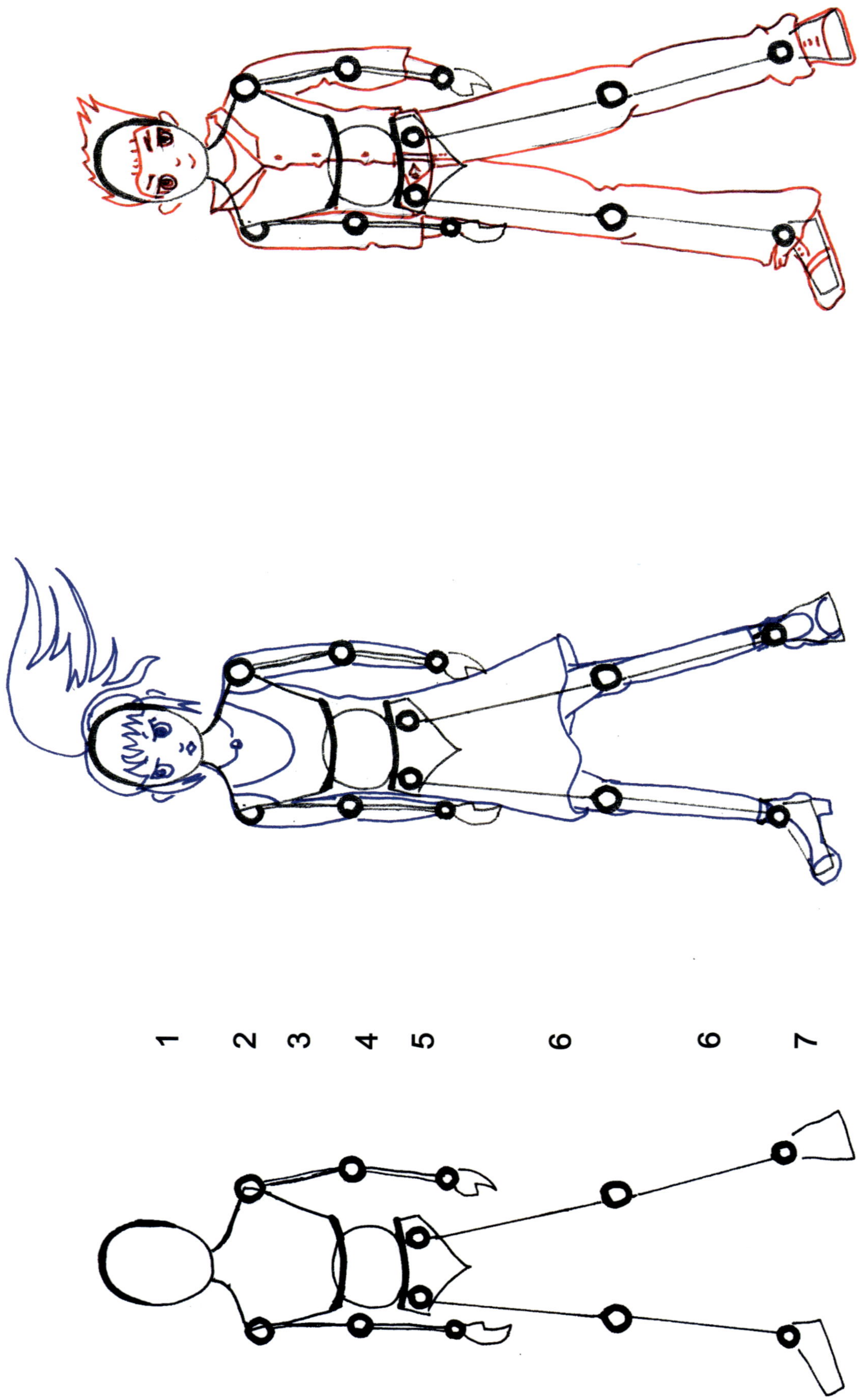

Ganze Figuren – Karaoke-Sänger

Zeitaufwand: 4 Unterrichtsstunden

Jahrgangsstufe: 8–10

Material:
- gelbes Tonpapier (DIN A4)
- schwarzes Tonpapier (DIN A4)
- Bleistift und Radiergummi
- fein zeichnender, schwarzer Filzstift
- Malkasten, dünner Pinsel
- Schere
- Lineal
- Klebestift
- Zeichenanleitungen „Köpfe", „Augen", „Haare" und „Körper" als Vorübung
- Arbeitsblatt „Ganze Figuren – Karaoke-Sänger" in Klassenstärke
- Zeichenvorlage „Ganze Figuren – Karaoke-Sänger" in Klassenstärke

Kurzbeschreibung:

Die Schüler entwerfen eine Figur im Manga-Stil, die auf einer Bühne als Karaoke-Sänger auftritt. Die Figur wird mit Wasserfarben koloriert, der Kegel des Scheinwerferlichts wird aus Tonpapier im Collageverfahren gestaltet.

Lehrplanbezug:

1. Die Schüler erkennen, dass der Eindruck von Bewegung beim menschlichen Körper durch zeichnerisches Erfassen einfacher Proportionen und Gelenkstellen erzeugt werden kann.
2. Sie können durch Hell-Dunkel-Wirkung eine Fläche strukturieren.
3. Sie arbeiten in Mischtechnik (Zeichnen, Malen, Kleben).

Vorschläge zur Umsetzung:

1. Erklären Sie kurz den Begriff „Karaoke".

   Hinweis: Das japanische Wort bedeutet „leeres Orchester". Die jeweiligen Amateur-Sänger singen zu einem Instrumental-Playback bekannte Musikstücke live ins Mikrofon. Dabei wird der Text auf einem Bildschirm angezeigt.

2. Da die dargestellten Sänger in Bewegung oder tanzend dargestellt werden sollen, können die Schüler die Zeichenvorlage „Karaoke-Sänger" zur Orientierung benutzen.
3. Die Jungen- oder Mädchenfigur im Manga-Stil wird zunächst mit Bleistift auf gelbem Tonpapier vorskizziert, bevor die Umrisse mit Filzstift nachgezogen werden.
4. Beim Kolorieren setzt man mit Wasserfarben Akzente. Durch den gelben Untergrund erhalten die Farben neue Nuancen. Hautflächen werden nur ganz wenig in Orange oder Gelb eingefärbt. Das Gelb des Hintergrundes kann als Lichteffekt stehen bleiben.
5. Der Scheinwerferkegel wird als schräg zulaufende Fläche über die Figur geführt. Hände und Füße können außerhalb liegen.

Ganze Figuren – Karaoke-Sänger

1. **Entwurf Karaoke-Sänger:**
Betrachte die Skizzen der Zeichenvorlagen und überlege, in welcher Haltung du den Sänger darstellen willst. Beginne mit den Hilfslinien der Marionetten-Methode und platziere deine Figur in die Mitte eines gelben Tonpapierblattes (DIN A4). Der Sänger kann in Seiten- oder Vorderansicht präsentiert werden. Wenn alle Proportionen stimmen und deine Figur „Action" zeigt, beginnst du, ihr Volumen zu geben: Zeichne Kleidungsstücke, Muskeln, Gesichtszüge und Haare.
Eine Hand hält eventuell ein Mikrofon. Ziehe zum Schluss alle Konturen mit fein zeichnendem, schwarzem Filzstift nach und entferne alle Hilfslinien und Beistiftspuren.

2. **Farbgebung:**
Nimm einen sehr dünnen Pinsel (z. B. Nr. 3) und gestalte zunächst die Kleidung mit Farben aus dem Malkasten.

Tipp: Lasse Teile des gelben Untergrundes als Glanz- oder Lichteffekte stehen.

Plane jetzt schon, aus welcher Richtung das Scheinwerferlicht auf deine Figur fallen soll. Lege Schattenzonen an. Töne alle sichtbaren Hautpartien (Gesicht, Arme) nur leicht mit Gelb oder Orange aus dem Malkasten ab. Ziehe alle Konturen nochmals mir schwarzem Filzstift nach.

3. **Scheinwerferkegel:**
Stelle nun deine Figur in einen breiten Scheinwerfer-Lichtkegel, der ausgehend von der linken oder rechten, oberen Ecke bis zum unteren Rand des Blattes reicht. Dazu ziehst du mit Lineal und Bleistift zwei Linien, die so angelegt sein sollen, dass fast die ganze Figur im Bereich des Lichtkegels bleibt. Teile der Arme und Beine können auch außerhalb dieser Fläche liegen. Schneide nun den Lichtkegel sorgfältig entlang der vorgezeichneten Linien aus. Partien, die außerhalb liegen, müssen natürlich auch mit ausgeschnitten werden! Lege die ausgeschnittene Fläche auf schwarzes Tonpapier (DIN A4) und markiere die Umrisse mit Bleistift. Zerlege nun die restlichen Teile des gelben Tonpapiers in einzelne „Strahlen", die zur Lichtquelle hin schmal zulaufen. Klebe sie in unterschiedlichen Abständen auf die Lichtquelle zulaufend auf, bevor du als Letztes den Karaoke-Sänger im Mittelteil des Bildes aufklebst. Deute mit schwarzem Filzstift und Lineal in Höhe der Füße mit einer dünnen, waagrechten Linie den Rand der Bühne an.

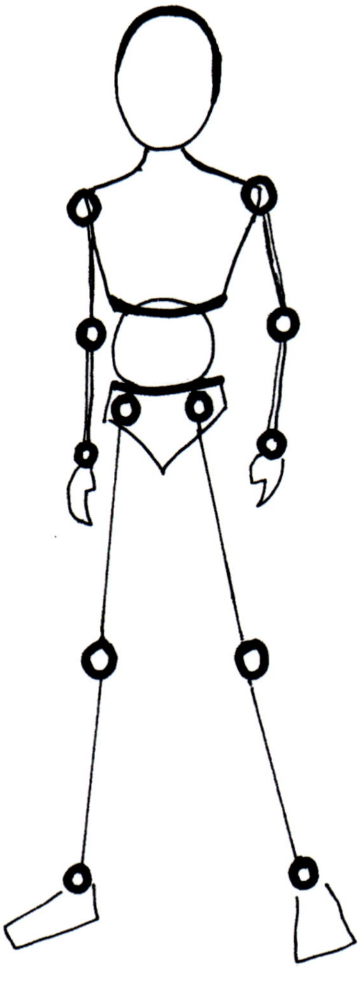

Ganze Figuren – Karaoke-Sänger

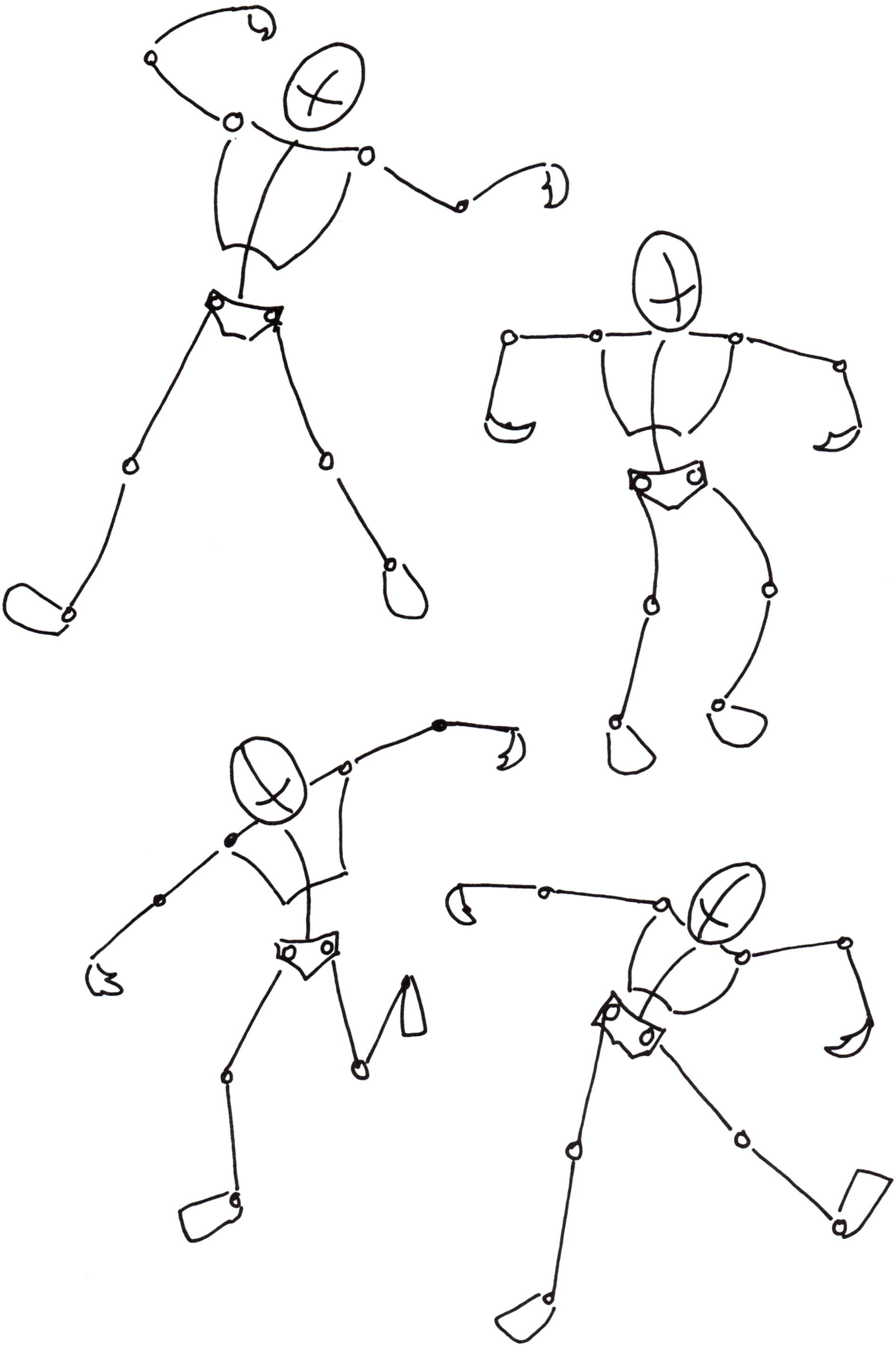

Ganze Figuren – Karaoke-Sänger

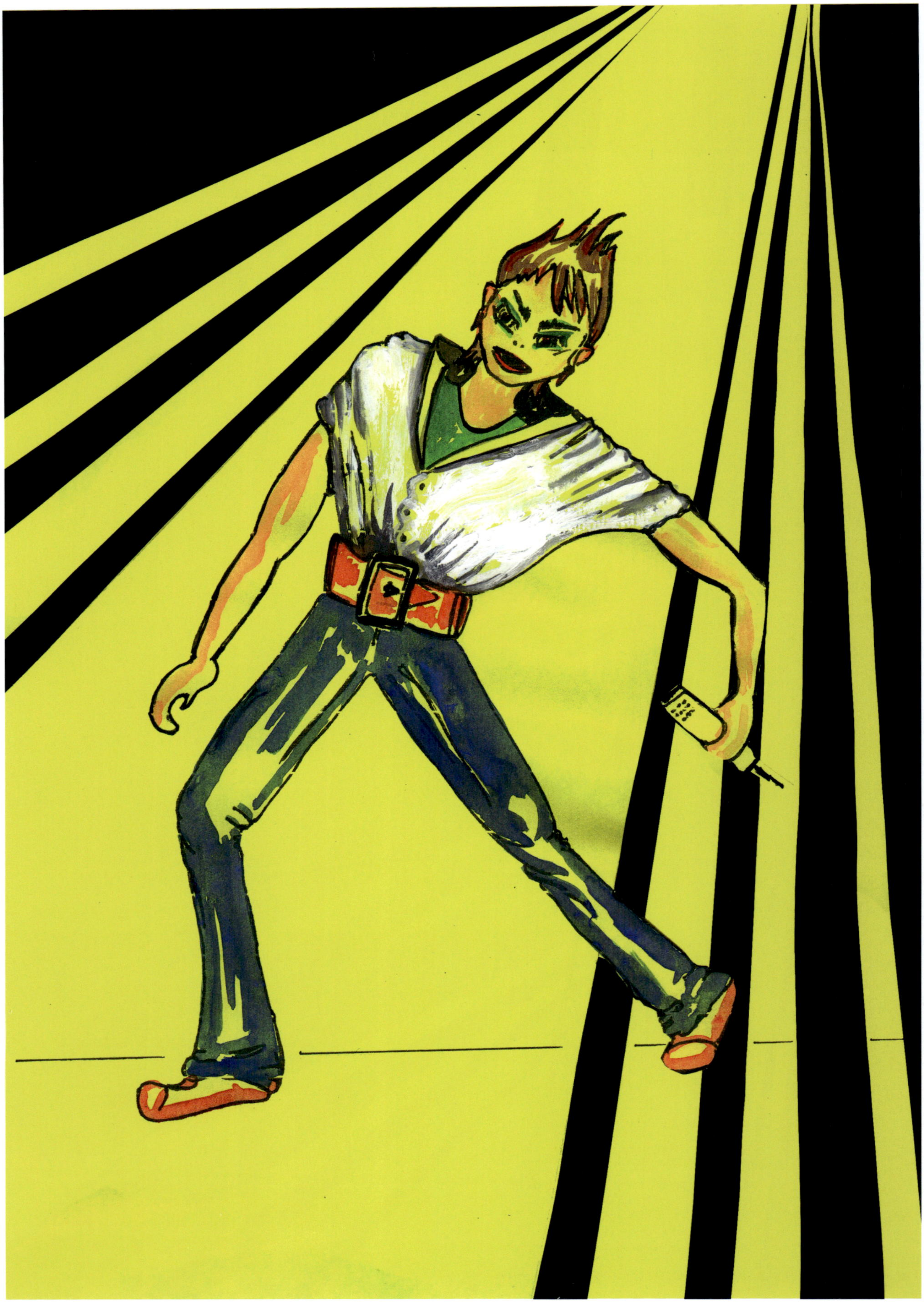

© Verlag an der Ruhr | Autorin: Gerlinde Blahak | ISBN 978-3-8346-2775-9 | www.verlagruhr.de

Ganze Figuren – Maskottchen

Zeitaufwand: 2 Unterrichtsstunden

Jahrgangsstufe: 5–10

Material:
- weißes Zeichenpapier (DIN A5)
- Bleistift
- Radiergummi
- Filzstifte
- Marker
- Arbeitsblatt „Ganze Figuren – Maskottchen" in Klassenstärke
- Zeichenvorlage „Ganze Figuren – Maskottchen" in Klassenstärke

Kurzbeschreibung:

Die Schüler gestalten mit Filzstiften und Markern Maskottchen-Figuren aus Ovalen und Kreisen. Die Charaktere werden dabei in stark verzerrter Perspektive (Super Deformed) dargestellt.

Lehrplanbezug:

1. Die Schüler experimentieren mit verzerrten Körperproportionen und deren Wirkung.
2. Sie erproben Filzstifte verschiedener Qualität hinsichtlich ihrer Farbwirkung.

Vorschläge zur Umsetzung:

1. Diese Aufgabe stellt Mangafiguren in der sogenannten „Super Deformed"-Version in den Mittelpunkt (SD = extrem verzerrt). Das bedeutet, dass Körperteile, die für eine Aktion sehr wichtig sind, überproportional vergrößert und betont werden. Diese unrealistische Darstellungsweise soll meist einen komischen oder lustigen Effekt hervorrufen.
2. Als Zeichenmethode wird hier das Aneinanderreihen verschieden großer Ovale oder Kreise vorgeschlagen, was auch von jüngeren Schülern leicht umgesetzt werden kann.
3. Wichtig ist, dass, ganz gleich, welches Maskottchen entworfen wird, der typische Manga-Zeichenstil (große Augen, Kindchenschema) beibehalten wird.
4. Als Motive bieten sich Drachen, Tierfiguren, Puppendarstellungen usw. an. Die Lösungen können als Dekoration auf Schmuckkarten aller Art präsentiert werden.
5. Neben Filzstiften ist bei der farbigen Gestaltung der Einsatz von Markern sehr effektvoll.

Ganze Figuren – Maskottchen

1. **Begriffsklärung: Maskottchen (SD)**
   Maskottchen bedeutet so viel wie „Glücksbringer" und wird häufig als Erkennungszeichen für Vereine oder Veranstaltungen kreiert. Hier entwirfst du ein ganz spezielles Maskottchen für jemanden, dem du Glück wünschst. Als Motiv kannst du eine Mädchen- oder Jungenfigur, ein Tier, einen Drachen oder eine beliebige Fantasiefigur wählen. Da sie als Super Deformed (SD) dargestellt wird, musst du sie in ihren Proportionen stark verzerren, was sie immer komisch oder niedlich erscheinen lässt.

2. **Entwurf eines Motivs:**
   Zeichne deinen Entwurf mit Bleistift auf weißes (oder farbiges) Papier in Größe DIN A5. Beginne mit einem großen Kopfoval und zeichne auch die Hilfslinien für die Lage der Augen ein. Setze Ober- und Unterkörper als immer kleiner werdende Kreise oder Ovale darunter. Dabei dürfen sich die Flächen überschneiden. Füge für Arme und Beine sehr kleine Ovale aneinander und lasse sie in winzigen Händen bzw. Füßen enden. Du kannst natürlich auch zwei Körperteile, z. B. Kopf und Füße, überproportional betonen. Orientiere dich dabei an der Zeichenvorlage. Zeichne große Augen und weitere Gesichtszüge ein. Denke auch daran, dass Haare den Kopf großzügig umrahmen sollen. Gib den Körperkonturen, wenn du möchtest, eine andere Form. Ziehe alle Konturen, die du erhalten willst, mit dünnem, schwarzem Filzstift nach.
   Entferne alle Hilfslinien und Beistiftspuren mit Radiergummi.

3. **Farbige Ausgestaltung:**
   Beginne nun zunächst, mit gelbem, pink- oder orangefarbenem Marker Akzente ins Gesicht und auf andere Hautpartien zu setzen.

   Tipp: Male nicht die gesamte Gesichtsfläche aus, sondern lasse noch stellenweise die Farbe des Untergrunds als Lichteffekt stehen.

   Gestalte die Haare ebenfalls mit Markerspuren (Strähnen). Du kannst beliebige Farben, z. B. grün oder violett, verwenden. Gestalte die restliche Kleidung mit Mustern aus und verwende dazu etwas dünnere Filzstifte. Ziehe einzelne Konturen mit Filzstiften (schwarz oder farbig) nach. Lockere den Hintergrund mit Punkten und kleinen Kreisen auf. Sie sollen dein Maskottchen wie kleine Luftblasen umgeben.

4. **Präsentation:**
   Schneide deine Motiv-Karte zurecht und klebe sie auf Fotokarton in einer kontrastierenden Farbe.

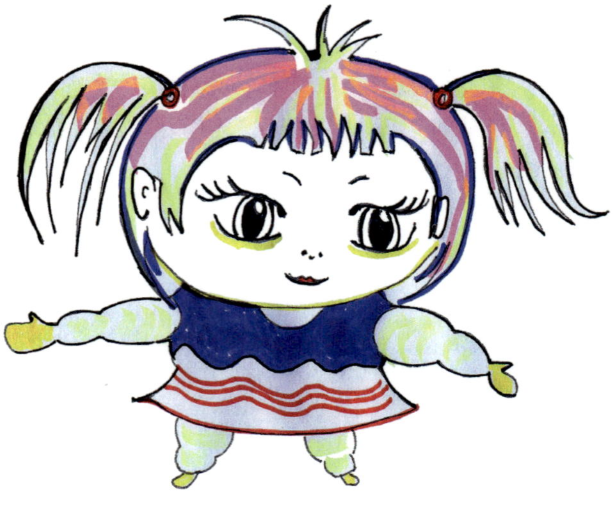

Ganze Figuren – Maskottchen

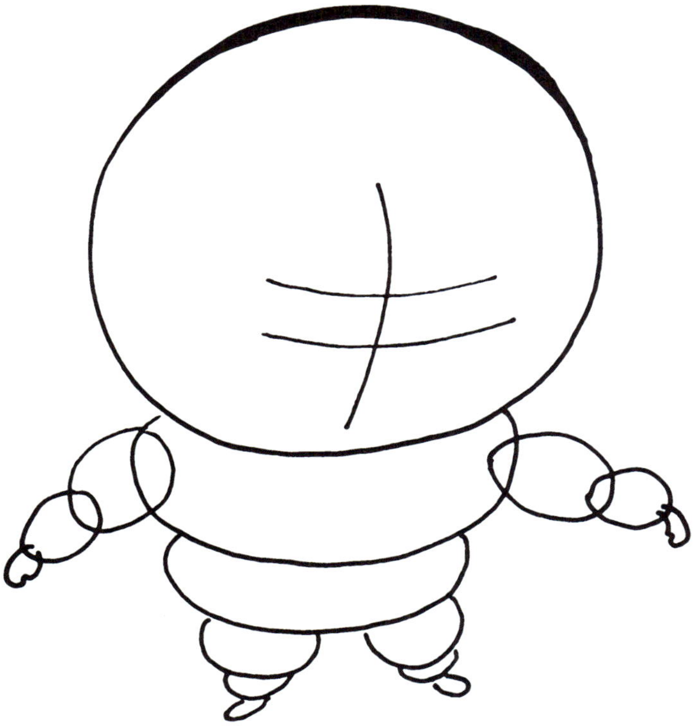

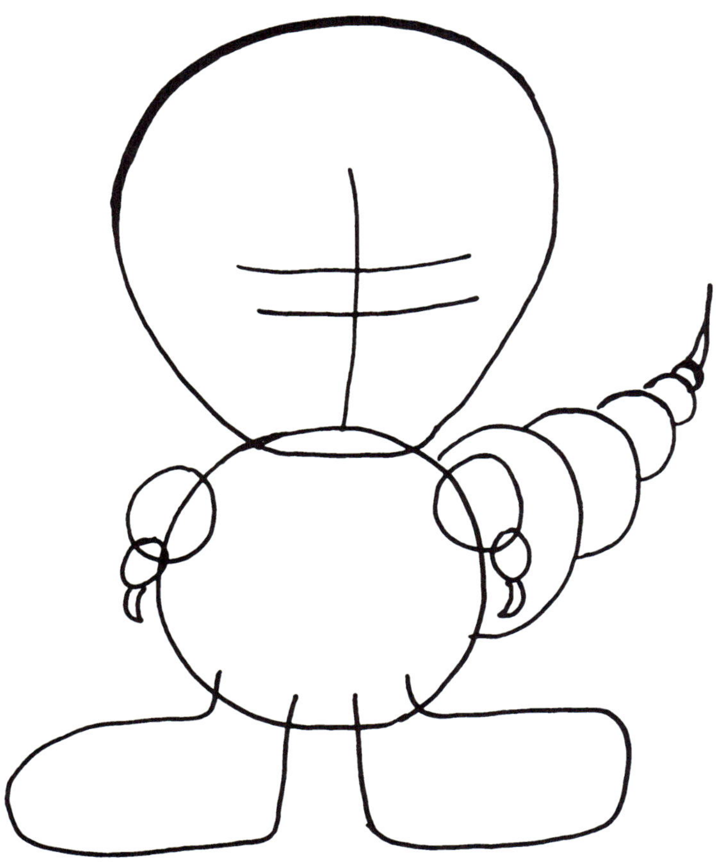

Ganze Figuren – Maskottchen

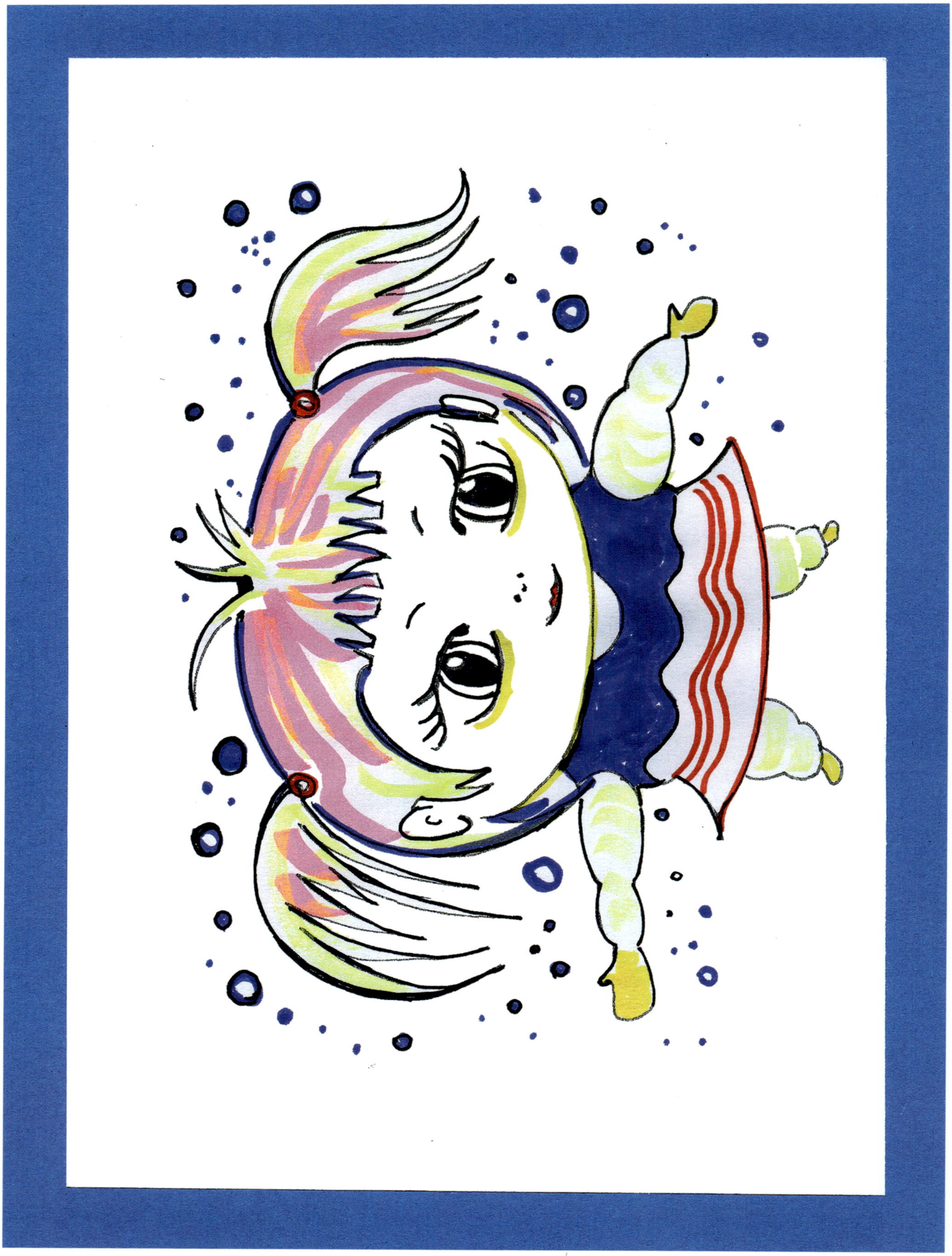

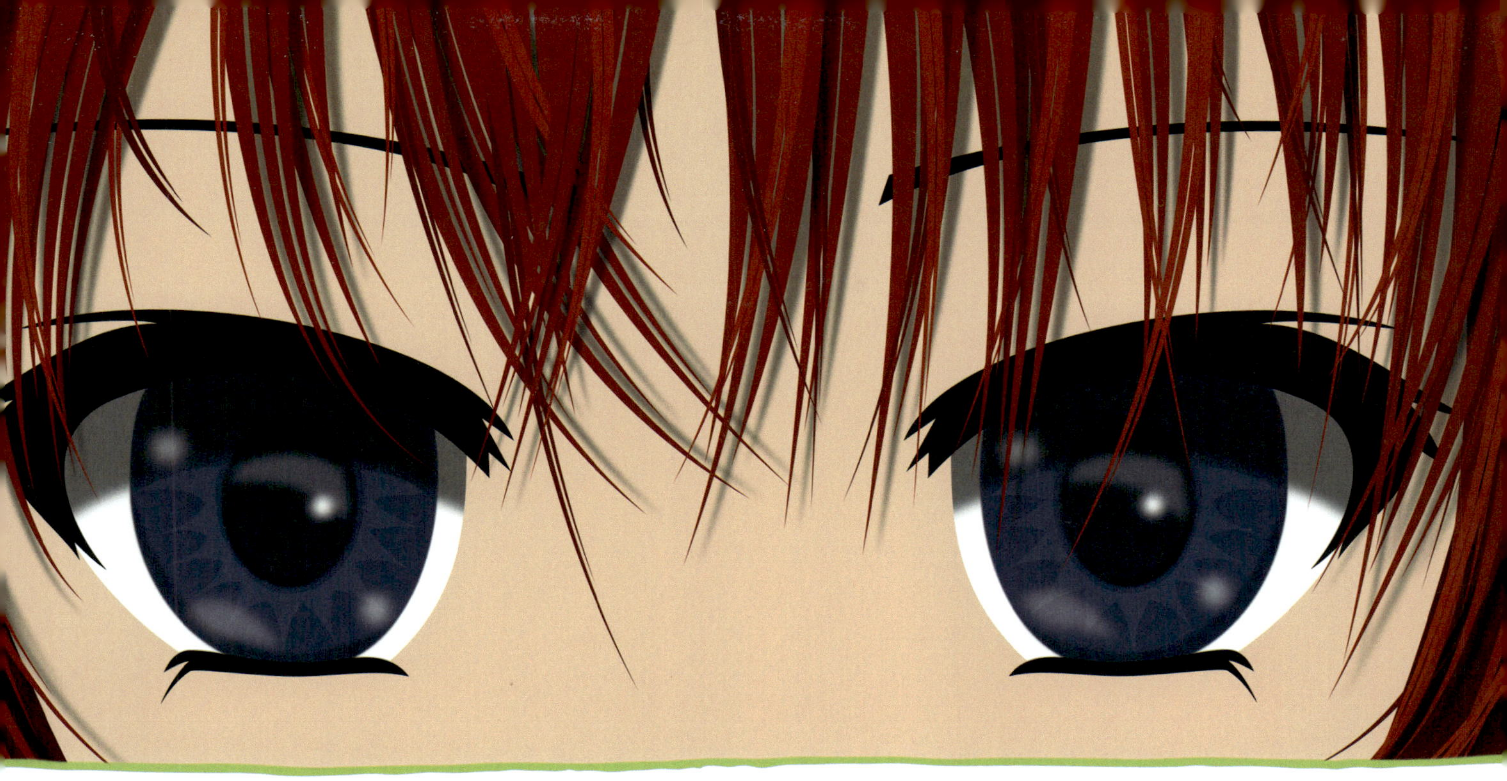

Gemeinschaftsarbeiten

Bild und Schrift – Porträtgalerie

Zeitaufwand: 4 Unterrichtsstunden

Jahrgangsstufe: 7–10

Material:
- weißes Zeichenpapier DIN A4
- Bleistift und Radiergummi
- schwarzer Filzstift
- Packpapier
- Lineal
- Schere
- Klebestift
- schwarze Tonpapierreste
- Arbeitsblatt „Bild und Schrift – Porträtgalerie" in Klassenstärke
- Zeichenvorlage „Bild und Schrift – Porträtgalerie" in Klassenstärke

Kurzbeschreibung:

Die Schüler entwerfen mit einfachen Linien auf gleich großen Flächen Porträtskizzen. Sie gestalten dazu identische Rahmen aus Packpapier und versehen die Porträts, die in einer „Galerie" präsentiert werden sollen, mit witzigen Namensschildern.

Lehrplanbezug:

1. Die Schüler erproben die Ausdrucksmöglichkeiten der grafischen Elemente Punkt und Linie bei Porträtkarikaturen.
2. Sie befassen sich mit dem Thema „Schrift" im Comic.
3. Sie erarbeiten einfache Rahmen aus Abfallpapier (Bereich „Design").
4. Sie bringen ihre individuellen Lösungen in eine Gemeinschaftsarbeit ein.

Vorschläge zur Umsetzung:

1. Da das Endergebnis dieser Gemeinschaftsarbeit eine Porträtgalerie sein soll, müssen bei der Bearbeitung bezüglich Bildhintergrund und Rahmenart die Ausgangsflächen gleich groß sein. Deshalb verwendet man am besten genormte Maßeinheiten: Für den Hintergrund ein halbes DIN-A4-Blatt (DIN A5), für die Rahmenbreite die Breite eines Lineals.
2. Beim Aufkleben des Rahmens streichen die Schüler nicht den Rahmen, sondern die jeweilige Bildfläche ein.
3. Für die Bildtitel kreieren die Schüler witzige Namen und verwenden sogenannte Ballonbuchstaben.

Bild und Schrift – Porträtgalerie

1. **Porträts zeichnen:**
Schneide ein weißes DIN-A4-Blatt in der Mitte auseinander, sodass zwei Flächen in DIN-A5-Größe entstehen. Verwende eine Hälfte als Bildhintergrund und lege die zweite für das Namensschild beiseite. Reserviere eine rechteckige Innenfläche, indem du an allen Seiten mit Bleistift einen Rahmen in Linealbreite (ca. 2,5 cm) ziehst. Zeichne nun in das Rechteck das Porträt einer Person hinein. Arbeite zunächst mit Bleistift. Fülle die Fläche möglichst mit der Kopfform (Oval) aus. Gestalte die Gesichtszüge aus einfachen Linien, Punkten oder Kringeln ohne Schattenzonen und deute die Schulter- oder Halspartie nur an. Ziehe zum Schluss alle Linien der Vorzeichnung mit schwarzem Filzstift nach. Entferne alle Bleistiftspuren.

2. **Porträtrahmen:**
Schneide dir aus Packpapier oder alten, braunen Briefumschlägen (Innenseite verwenden!) eine Fläche in DIN-A5-Größe zurecht.

Tipp: Verwende das Format des Porträts als Schablone.

Lege ringsum an den Außenrändern wieder dein Lineal an und zeichne in Linealbreite mit Bleistift einen Rahmen. Knicke die Packpapierfläche in der Mitte zusammen und schneide mit einer Schere das Mittelteil (doppelt) entlang der Bleistiftlinien heraus (Zeichenvorlage). Klappe den Rahmen auf und kontrolliere, ob er auf dein Porträt passt. Streiche nun die ausgesparten Randzonen auf dem weißen Papier mit Klebestift ein und drücke den Rahmen deckungsgleich darauf.

Tipp: Kleine Ungenauigkeiten können anschließend noch mit der Schere ausgeglichen werden.

Ziehe mit dem Lineal und schwarzem Filzstift die Außenkanten des Rahmens nochmals im Abstand von 2 mm exakt nach.

3. **Namensschilder:**
Schneide aus weißem Papier (Rest) einen Streifen von 2,5 cm x 10,5 cm aus. Klappe ihn in der Mitte zusammen und runde die Ecken etwas ab. Schreibe zunächst mit Bleistift den Namen des Porträtierten in die Fläche. Erfinde einen besonders witzigen und treffenden Namen: Der schöne Anton, Heidi Superstar, Karl der Kahle …
Verwende als Schrift sogenannte Ballonbuchstaben (Zeichenvorlage). Dafür schreibst du den Namen in Großbuchstaben in die Fläche und gibst dann jedem Buchstaben „Volumen" in Form von Ballons.
Die Buchstaben dürfen sich auch berühren oder zum Teil hintereinander verschwinden. Ziehe sie zum Schluss mit schwarzem Filzstift nach und entferne alle überflüssigen Hilfslinien. Klebe das Schild auf einen Rest von schwarzem Tonpapier und schneide es nochmals im Abstand von 2 mm aus, sodass ein schwarzer Rand stehen bleibt.
Klebe das Schild knapp auf die Unterkante deines Porträts, sodass es noch ein wenig übersteht.

4. **Präsentieren:**
Hängt eure „Werke" nebeneinander wie in einer echte Bildergalerie auf.

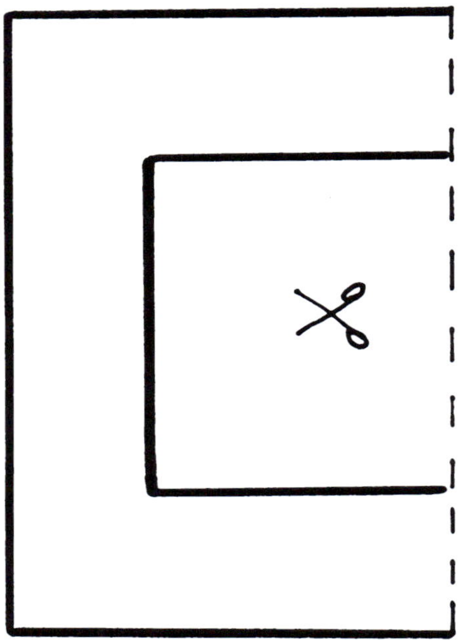

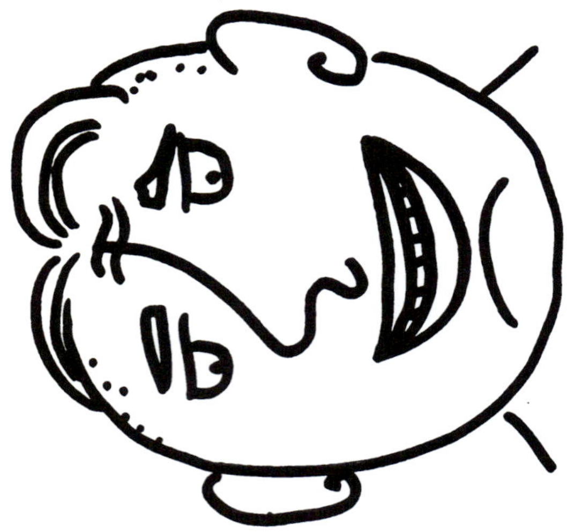

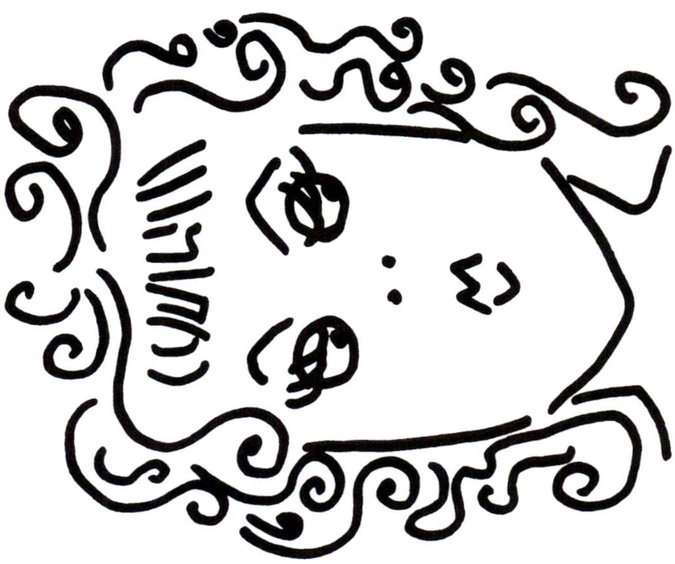

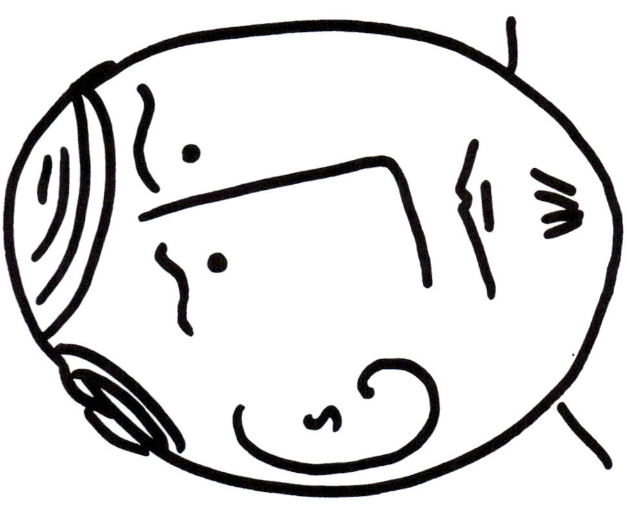

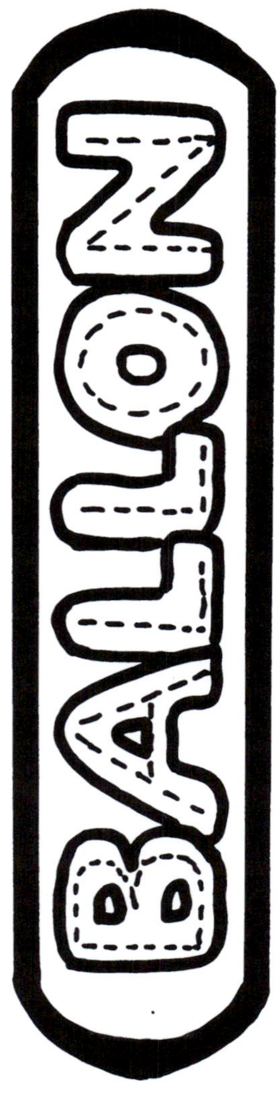
BALLON

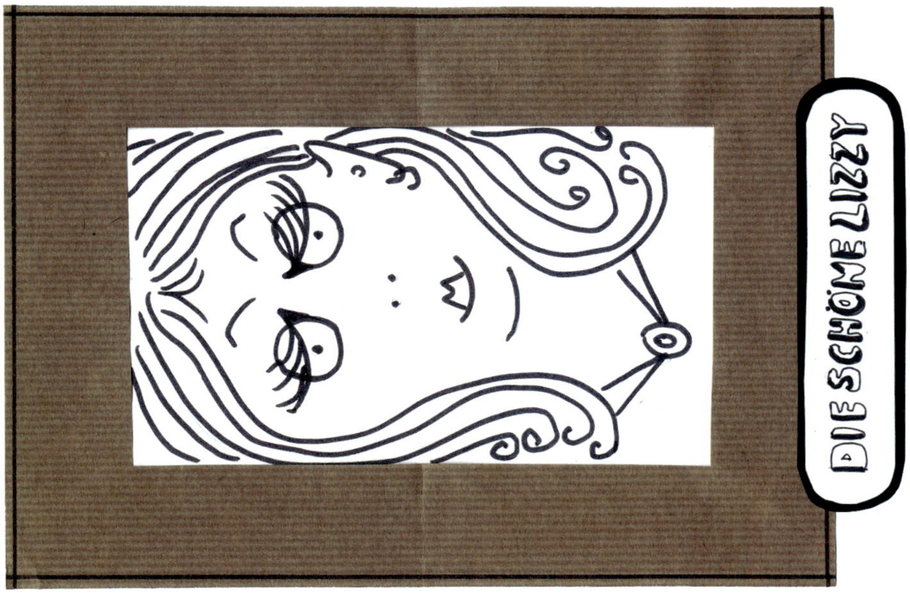
DIE SCHÖNE LIZZY

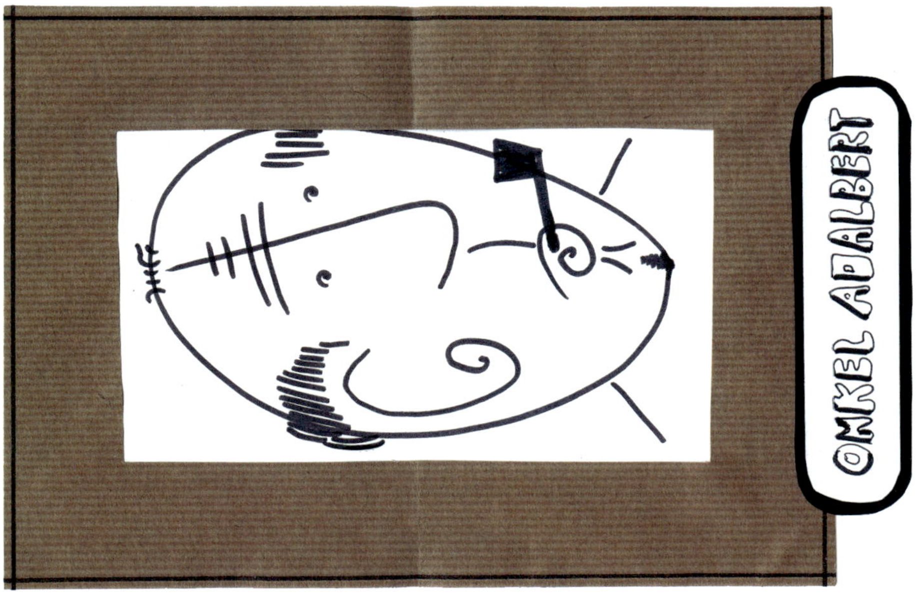
ONKEL ADALBERT

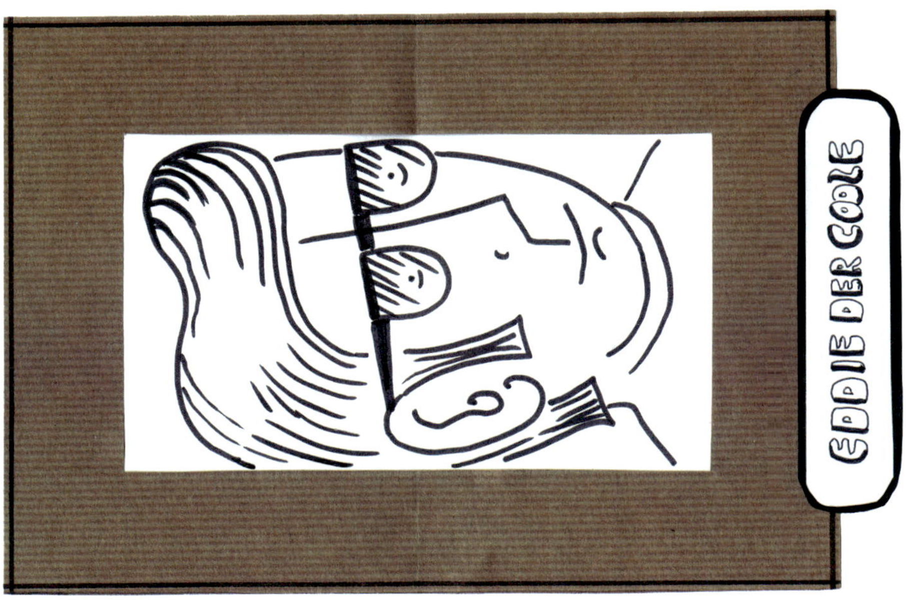
EDDIE DER COOLE

Bild und Schrift – Telefon-Kritzel-Block

Zeitaufwand: 4 Unterrichtsstunden

Jahrgangsstufe: 5–10

Material:
- weißes Papier (DIN A5), ca. 10 Blätter
- Fotokarton (DIN A5)
- Heftstreifen
- Bleistift und Radiergummi
- schwarze Filzstifte
- Schere
- Klebestift
- Locher
- Arbeitsblatt „Bild und Schrift – Telefon-Kritzel-Block“ (2 Seiten) in Klassenstärke
- Zeichenvorlage „Bild und Schrift – Telefon-Kritzel-Block“ (2 Seiten) in Klassenstärke

Kurzbeschreibung:

Die Schüler nehmen Zeichenimpulse auf und erweitern sie zu kleinen Bild-Motiven, die sie dann untereinander austauschen und mit Sprechblasen versehen. In einem Heft gesammelt, inspirieren sie zu kreativem Weiterkritzeln.

Lehrplanbezug:

1. Die Schüler kreieren aufgrund von vorgegebenen Zeichenimpulsen eigene Bildaussagen.
2. Sie beziehen Bild und Schrift (Sprechblasen) aufeinander.
3. In Gemeinschaftsarbeit entstehen individuelle Kritzelvorlagen für ein Heft.

Vorschläge zur Umsetzung:

1. Kopieren Sie die bearbeiteten Vorlagen in größerer Stückzahl, sodass sich die Schüler ihre Favoriten aussuchen können.
2. Verwenden Sie DIN-A4-Papier, das am besten mit einem Papierschneider auf DIN-A5-Format gebracht wird.
3. Die Ergebnisse der Aufgabe eignen sich gut als Geschenk zu verschiedenen Anlässen.

Bild und Schrift – Telefon-Kritzel-Block

1. **Motive bearbeiten:**
   Suche dir auf den Zeichenvorlagen mindestens zwei Zeichenanregungen aus, die du fertig gestalten möchtest. Zeichne mit Bleistift alle möglichen Details hinzu: Augen, Ohren, Haare, Zähne, Kleidungsstücke, Fell, Federn, Schuppen etc. Ziehe die Linien der Vorzeichnung mit dünnem, schwarzem Filzstift nach und betone einige markante Stellen mit dickerem, schwarzem Stift. Deponiere deine Ergebnisse auf einem gemeinsamen „Sammelplatz" und nimm dir eine weitere Vorlage, auf der schon einige Motive von anderen Klassenkameraden gestaltet wurden. Dieser Arbeitsschritt ist beendet, wenn alle Motiv-Kästchen ausgestaltet wurden.

2. **Kritzelblätter erstellen:**
   Bereite einen Stoß von ca. zehn weißen DIN-A5-Blättern vor. Dein Lehrer hat inzwischen von allen Bildideen Kopien hergestellt, sodass du deine Favoriten aus dem Bilder-Pool heraussuchen kannst. Schneide die entsprechenden Motivkästchen aus und klebe sie auf die DIN-A5-Blätter, die waagrecht vor dir liegen. Zeichne mit schwarzem Filzstift auf weiße Papierreste Sprechblasen vor. Schreibe in die Blasen Kommentare, die zu den ausgesuchten Bildern passen, z. B.
   - Wow!
   - Gibt's nicht!
   - Alles okay?
   - Lass das!
   - Richtig gut!
   - Unglaublich!

   Tipp: Schreibe mit Bleistift vor. Verwende am besten, wie bei Comics üblich, Großbuchstaben, weil sie gut lesbar sind.

   Ziehe die Linien mit dünnem, schwarzem Filzstift nach. Sichtbare Bleisstiftlinien werden wegradiert. Schneide die Blasen aus, wobei du einen Abstand von ca. 2 mm einhältst. Klebe die Comic-Blasen zu den entsprechenden Bildern.

3. **Ein Kritzel-Block entsteht:**
   Gestalte aus Fotokarton in einer hellen Farbe ein Deckblatt und beachte Folgendes: Verwende als Flächenschablone eines der DIN-A5-Blätter. Zeichne die Umrisse mit Bleistift nach. Schneide sie im Abstand von etwa 2 mm aus, sodass die Fläche geringfügig größer wird. Stanze mit dem Locher zwei Löcher in die Mitte einer Schmalseite. Schreibe mit Bleistift in großen Kritzelbuchstaben den Titel („Telefon-Kritzel-Block") auf die Fläche. Ziehe die Linien mit Filzstift nach und schmücke Buchstaben und Zwischenräume mit kreativen Kritzeleien aus. Stanze nun auch in die fertigen Block-Blätter an die Schmalseiten Löcher, stecke sie auf die „Arme" der Heftstreifen und biege die Metallführungen zur Seite. Jetzt steht fantasievollem Kritzeln und Notieren nichts mehr im Wege!

Bild und Schrift – Telefon-Kritzel-Block

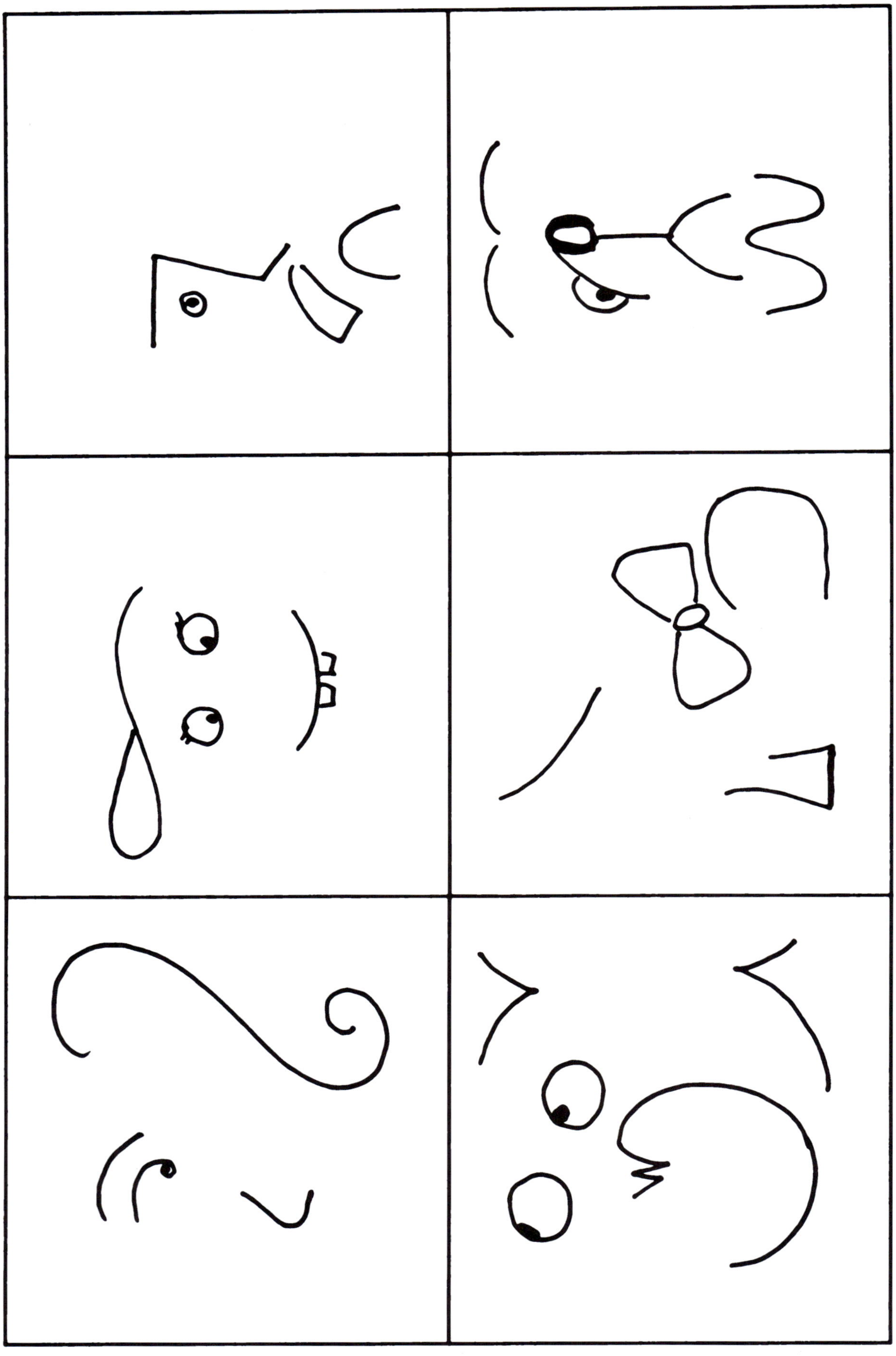

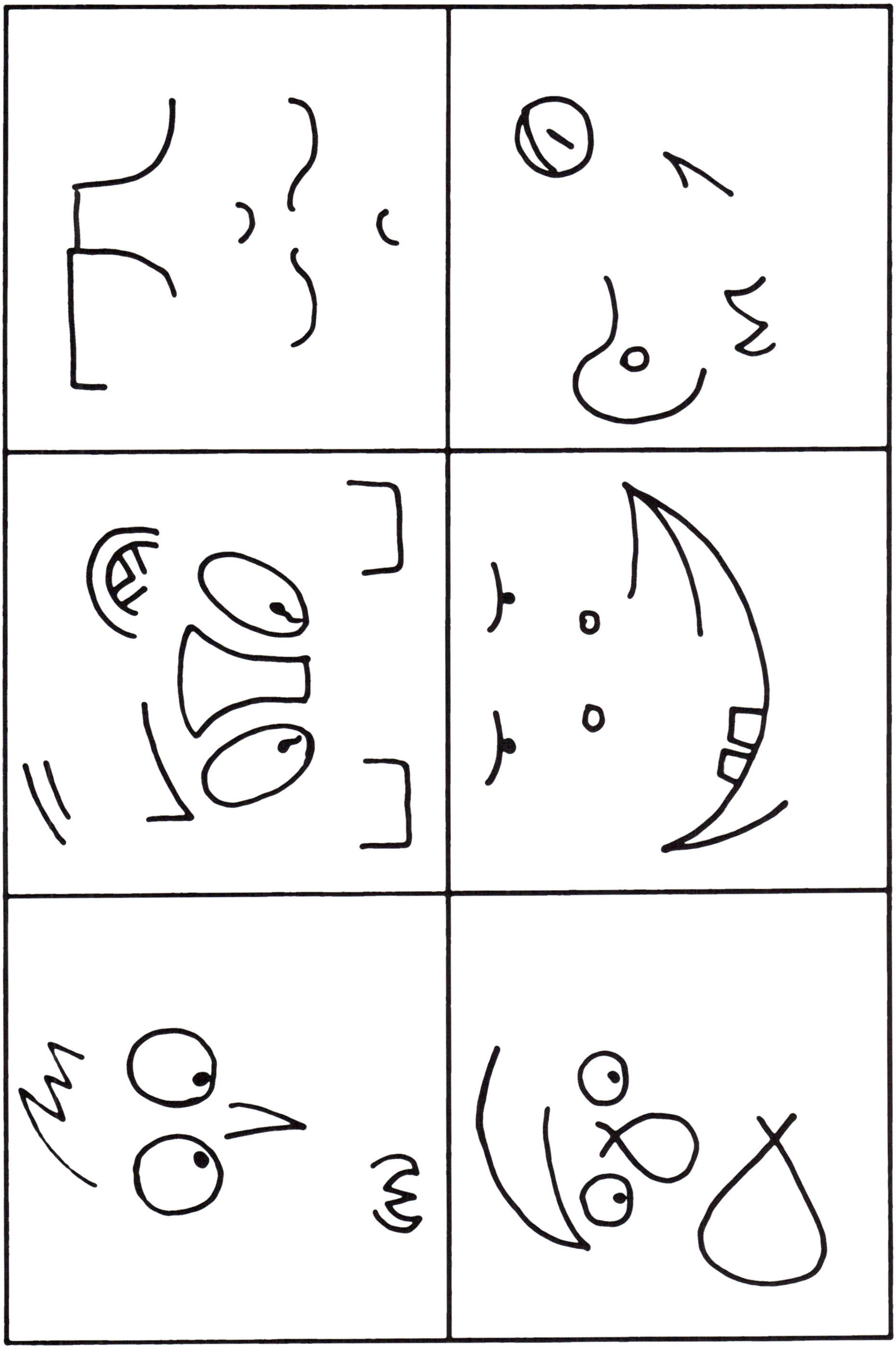

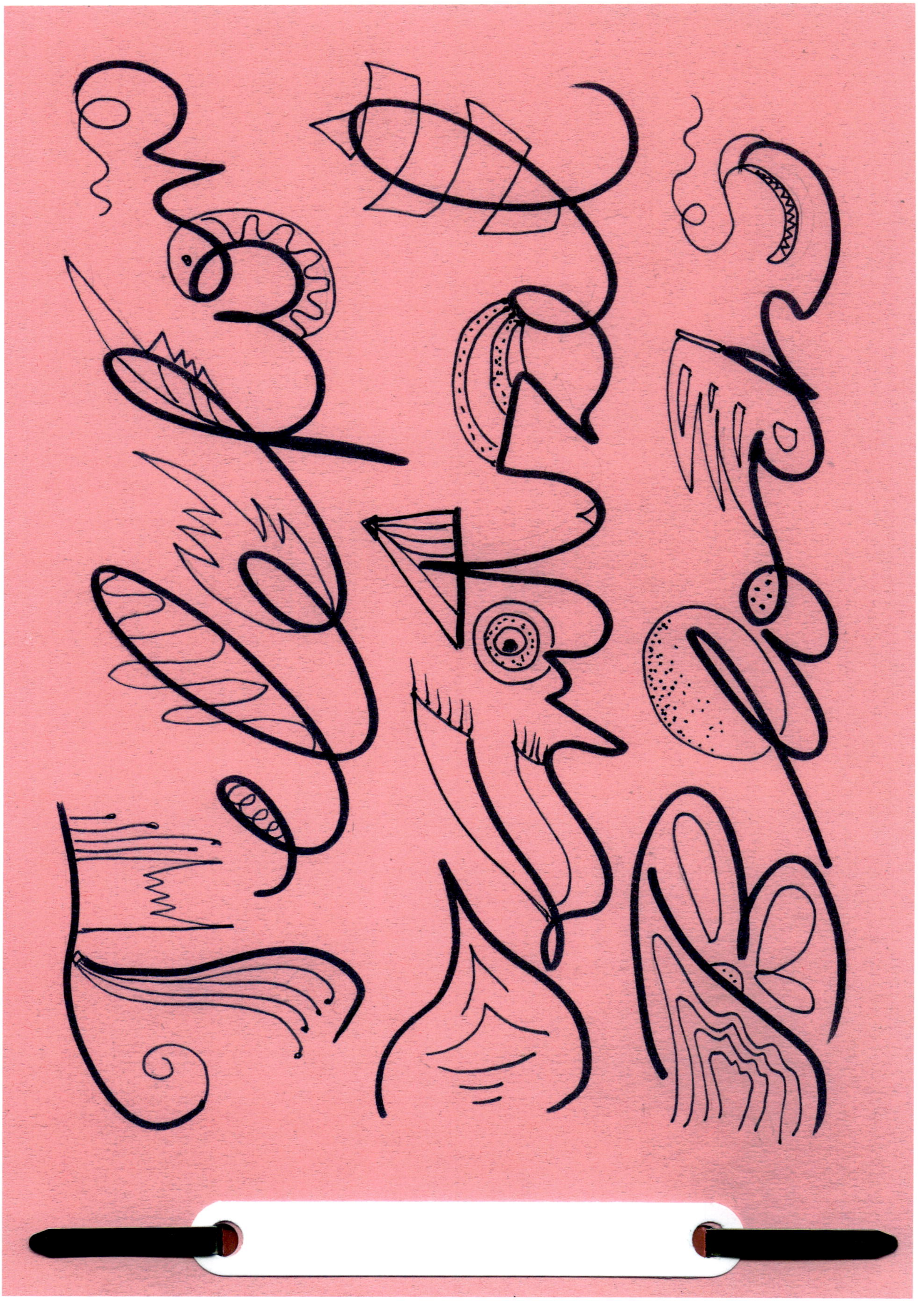

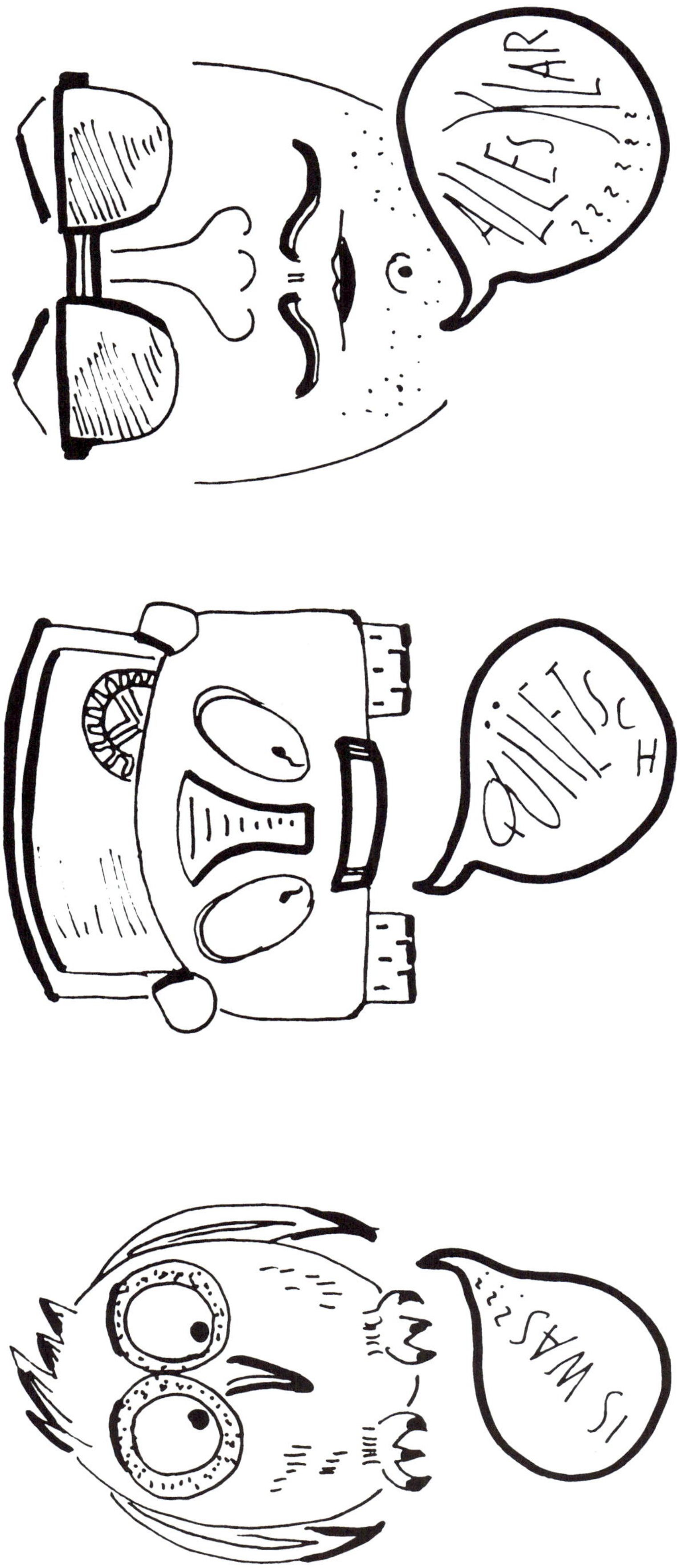
ALLES KLAR
QUIETSCH
IS WAS

Fantasiefiguren – Wimmelbilder

Zeitaufwand: 4 Unterrichtsstunden

Jahrgangsstufe: 5–10

Material:
- weißes Zeichenpapier DIN A3
- Bleistift
- Radiergummi
- fein zeichnender, schwarzer Filzstift
- bunte Filzstifte
- Arbeitsblatt „Fantasiefiguren – Wimmelbilder", einmal pro 4er-Gruppe
- Zeichenvorlage „Fantasiefiguren – Wimmelbilder" (2 Seiten) in Klassenstärke

Kurzbeschreibung:

Die Schüler skizzieren in 4er-Gruppen ihre Ideen zu einem jeweils anderen Thema. Die restlichen Gruppenmitglieder bringen durch Weiterreichen des Blattes und Hinzuzeichnen weitere Ideen ein, bis ein Wimmelbild entstanden ist, das anschließend noch farbige Akzente mit Filzstiften erhält.

Lehrplanbezug:

1. Die Schüler kreieren mithilfe von einfachen Schablonen Fantasiefiguren bei bestimmten Tätigkeiten.
2. Sie experimentieren mit der Wirkung von Linie und Punkt als Flächen füllende Elemente.
3. Die Schüler unterstützen sich gegenseitig in der Gruppe bei der Bearbeitung verschiedener Themen.

Vorschläge zur Umsetzung:

1. Die Aufgabe ist für 4er-Gruppen konzipiert. Jedes Gruppenmitglied beginnt mit einem anderen Thema (Zirkus, Spielplatz, Kunstausstellung, Geburtstagsparty) und reicht das jeweilige Bild an ein anderes Gruppenmitglied weiter. So entsteht kein „Leerlauf" während der Arbeitszeit und die Bildflächen füllen sich mit Ideen, die von der ganzen Gruppe zusammengetragen werden. Zum Schluss erhält jeder Schüler sein Starterbild zurück und ergänzt weitere Details und farbige Akzente.
2. Damit die Figuren in der Größe zusammenpassen, gehen die Schüler immer von Kreisformen (Köpfe) aus, bei denen eine 1- oder 2-Cent-Münze als Schablone für den jeweiligen Kopf dient. Gesichtszüge und unterschiedliche Körperhaltungen entstehen nach einer einfachen Punkt-Komma-Strich-Methode.

Fantasiefiguren - Wimmelbilder

1. **Gruppenbildung und Arbeitsaufteilung:** Setzt euch in 4er-Gruppen zusammen. Betrachtet die Zeichenvorlage (2/2) und entscheidet (eventuell durch Auslosung), wer welches Thema bearbeiten soll.

   Es stehen folgende „Situationen" zur Auswahl:
   - Im Zirkus
   - In der Kunstausstellung
   - Auf dem Spielplatz
   - Eine Geburtstagsparty

   Nehmt ein DIN-A3-Blatt und schreibt euren Namen auf die Rückseite. Die Vorschläge für die Einteilung des Hintergrundes können übernommen werden, aber ihr könnt auch eigene Ideen für das jeweilige Wimmelbild umsetzen. Jeder zeichnet so viele lustige und unterschiedliche Figuren auf die Blattfläche, bis er eine „kreative Pause" braucht. Dann reicht er sein Blatt an ein anderes Gruppenmitglied weiter (das weiterzeichnet!) und erhält dafür ein Blatt mit einem anderen Thema, wo er seine neuen Ideen einbringen kann. Verfahrt weiter nach dieser Methode, bis jeder zu jedem Thema einige Figuren hinzuzeichnen konnte. Zum Schluss erhält jeder sein „Starterblatt" zurück und kann noch zusätzliche Ergänzungen vornehmen.

2. **Entwerfen mit Bleistift:**
   Hintergrund:
   Zeichne das Umfeld für dein Wimmelbild zuerst (siehe Zeichenvorlage). Ergänze es durch passende Details, je nach Thema:
   - Zirkus: Spruchbänder, Trapez, Netze …
   - Kunstausstellung: Bilder, Skulpturen, Bänke, …
   - Spielplatz: Spielgeräte, Imbissbude, Bäume …
   - Geburtstagsparty: Stühle, Sofa, Tische, Stereoanlage, Lampen …

   Figuren:
   Beginnt bei jeder Figur, die ihr zeichnen wollt, mit dem Kopf. Verwendet dazu 1- oder 2-Cent-Münzen als Schablonen, damit die Personen in der Größe ungefähr zusammenpassen. Zeichnet mit einfachen Linien Kleidungsstücke (Rechtecke, Dreiecke), Arme und Beine. Gestaltet Hände und Schuhe als kleine, runde Flächen.

   Tipp: Orientiert euch an der Zeichenhilfe auf der Zeichenvorlage (1/2).

   Auch wenn die Gesichtszüge nur aus Punkten und Strichen bestehen, könnt ihr unterschiedliche Mimik, Frisur und Kopfbedeckung erfinden. Alle Personen sollten in unterschiedlichen Haltungen und bei verschiedenen „Tätigkeiten" dargestellt werden: sitzend, liegend, spazieren gehend, winkend, an der Hand haltend, anstehend, trinkend, essend, jubelnd, springend etc.

   Hinweis: Da es sich um ein „Wimmelbild" handelt, sollten sehr viele unterschiedliche Personen dargestellt werden. Sie stehen nebeneinander und sollten sich möglichst nicht überdecken.

Zieht nun alle Linien der Vorzeichnung mit fein zeichnendem, schwarzem Filzstift nach. Entfernt alle Bleistiftspuren. Setzt mit bunten Filzstiften farbige Akzente auf Kleidungsstücke, Haare und Gegenstände. Gesichter und Hände bleiben unbearbeitet.

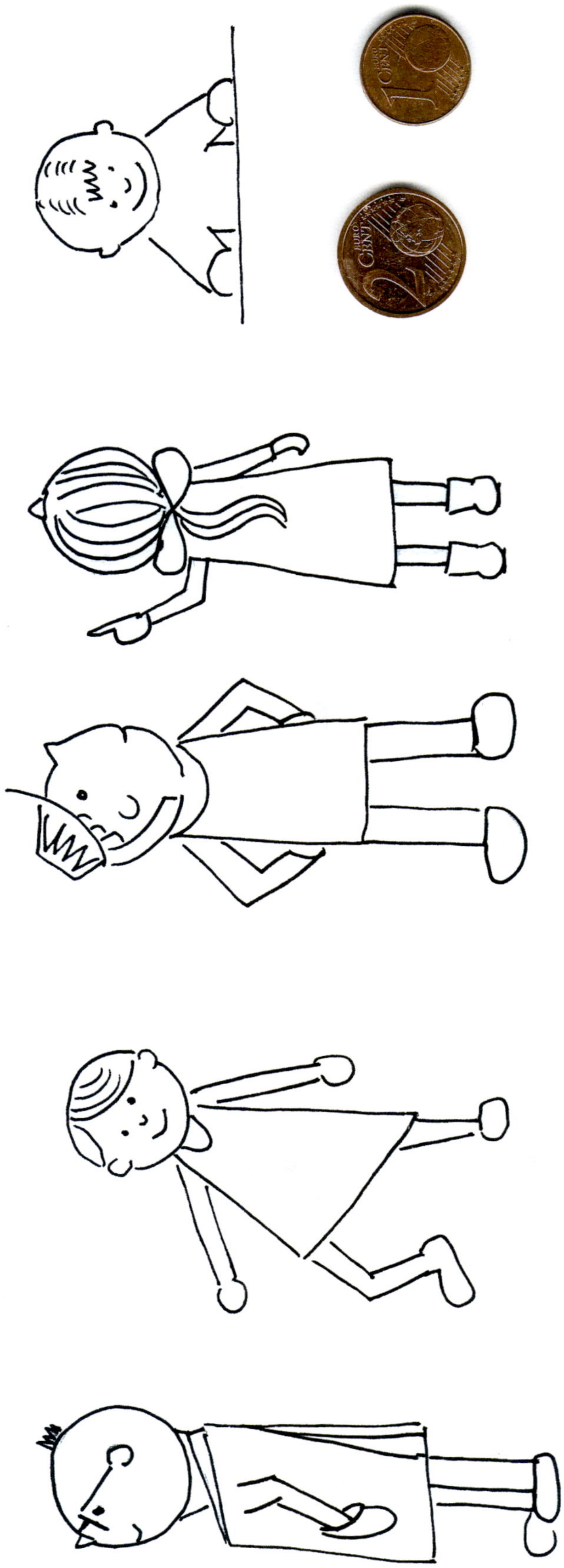

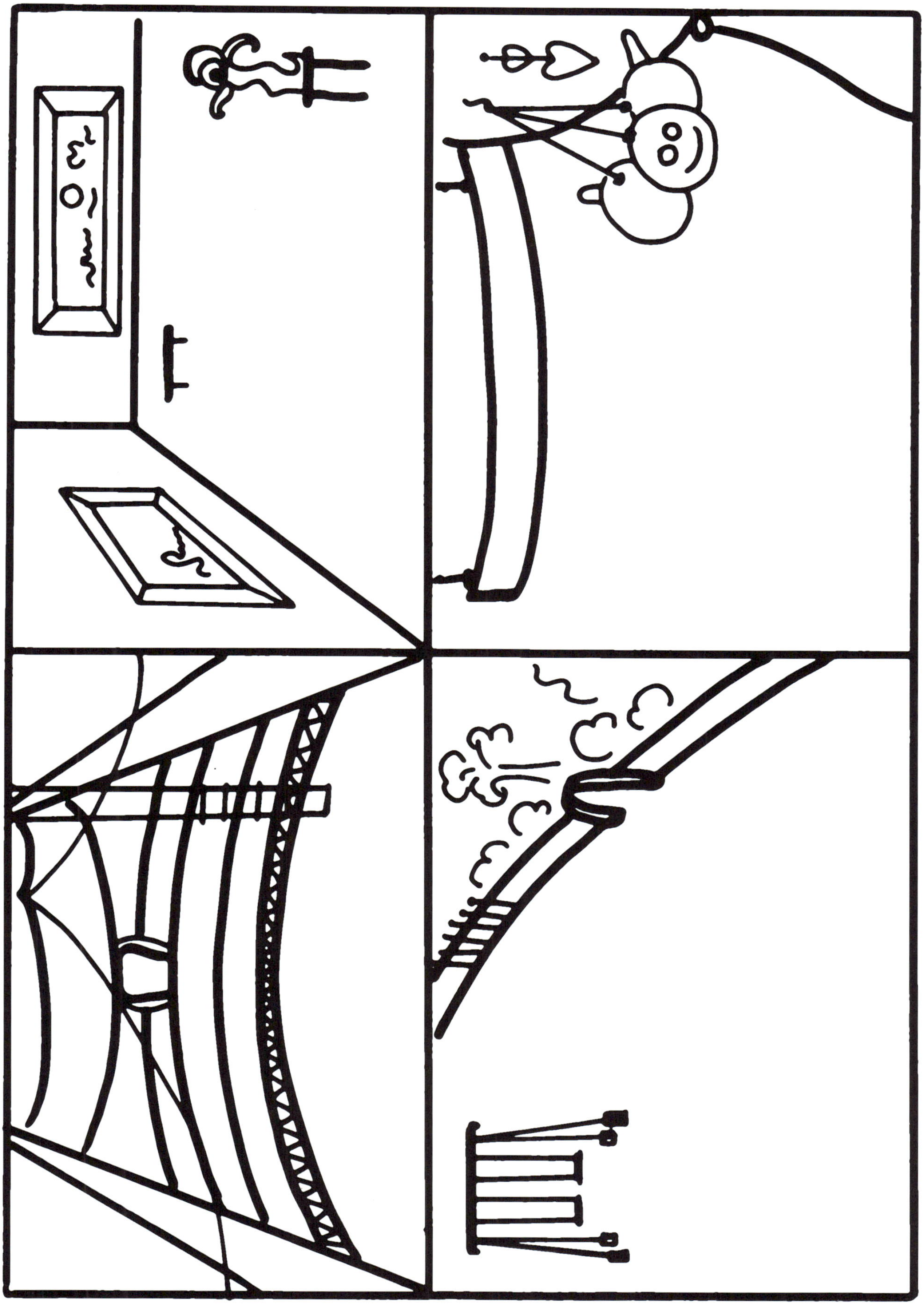

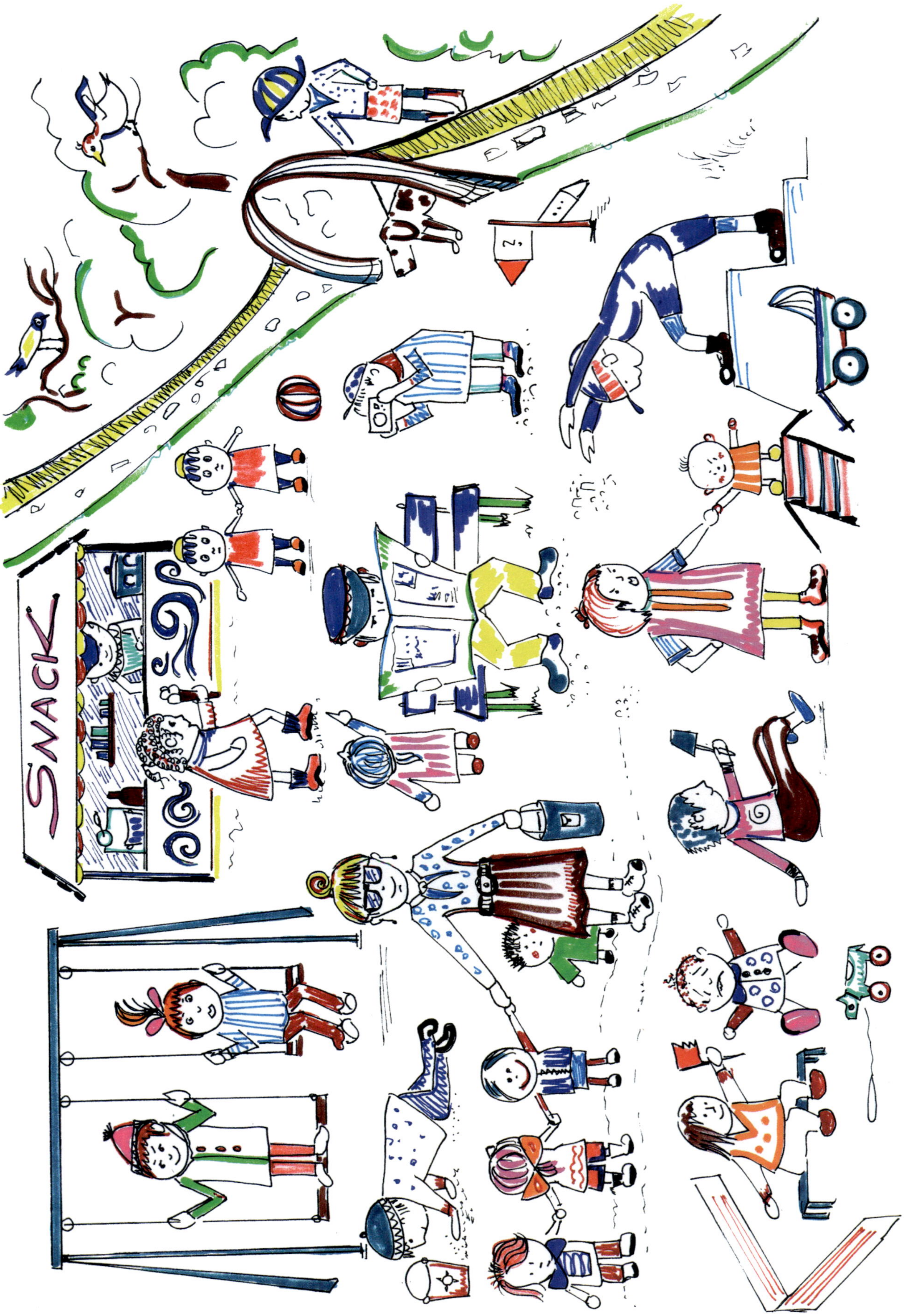
SNACK

Medientipps

Alger, Sandra L. H.:
Spiele zur Unterrichtsgestaltung – Kunst.
Verlag an der Ruhr, 2011.
ISBN 978-3-8346-0890-1

Bertscheit, Ralf:
Bilder werden Erlebnisse.
Mitreißende Methoden zur aktiven Bildbetrachtung in Schule und Museum.
Verlag an der Ruhr, 2001.
ISBN: 978-3-8607-2652-5

Bischofberger, Claudia:
Wertlos – Wertvoll.
Recycling-Ideen für den Kunstunterricht.
Verlag an der Ruhr, 2009.
ISBN 978-3-8346-0473-6

Blahak, Gerlinde:
Vertretungsstunden to go Kunst – Klasse 5–10.
Sinnvolle Inhalte für spontanen Unterricht.
Verlag an der Ruhr, 2012.
ISBN 978-3-8346-2284-6

Blahak, Gerlinde:
Kunst-Projekte: Techniken, Themen, Tricks.
Verblüffende Ideen mit einfachen Materialien.
Verlag an der Ruhr, 2005.
ISBN 978-3-8346-0038-7

Blahak, Gerlinde:
30 x Kunst für 45 Minuten.
Kurze Projekte für schnelle Erfolge.
Verlag an der Ruhr, 2004.
ISBN 978-3-8607-2922-9

Kaster, Armin:
Kunst mit dem, was da ist.
Ideen für (un)geplante Kunststunden.
Klasse 5–7.
Verlag an der Ruhr, 2009.
ISBN 978-3-8346-0472-9

Küppers, Marion/Zink, Mary:
Architektur und Raum lebendig machen.
28 Stationen für den Kunstunterricht.
Verlag an der Ruhr, 2012.
ISBN 978-3-8346-0988-5

Kummetz, Babette/Maser, Brigitte:
Applikationen.
Ideen zum Textilen Gestalten.
Verlag an der Ruhr, 2011.
ISBN 978-3-8346-0805-5

Tiainen, Tom:
Das Kunstrezeptbuch.
55 einfache Rezepte zum Zeichnen, Malen & Gestalten.
Verlag an der Ruhr, 2007.
ISBN 978-3-8346-0232-9

Verlag an der Ruhr

Postfach 10 22 51
45422 Mülheim an der Ruhr

Telefon 030/89 785 235
Fax 030/89 785 578

bestellungen@cornelsen-schulverlage.de
www.verlagruhr.de

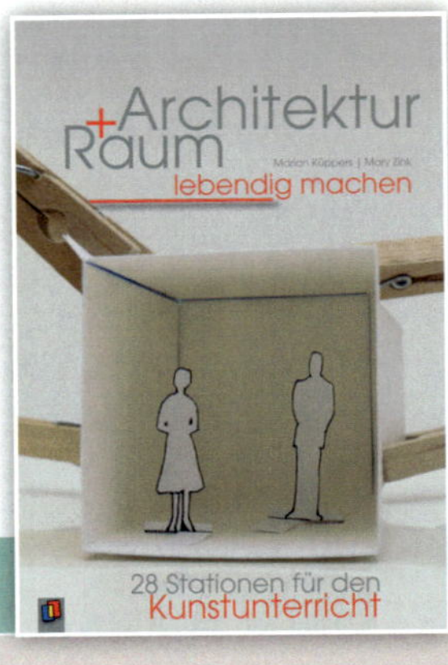

Architektur und Raum lebendig machen

28 Stationen für den Kunstunterricht

Kl. 5–7, 28 farbige Stationskarten, A4
inkl. Begleitheft mit Kopiervorlagen
ISBN 978-3-8346-0988-5

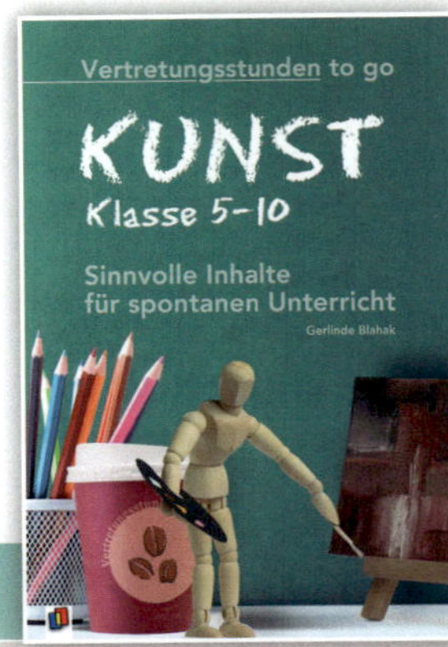

Vertretungsstunden to go

Kunst – Klasse 5–10

Sinnvolle Inhalte für spontanen Unterricht

Kl. 5–10, 102 S., A4, Paperback, farbig
ISBN 978-3-8346-2284-6

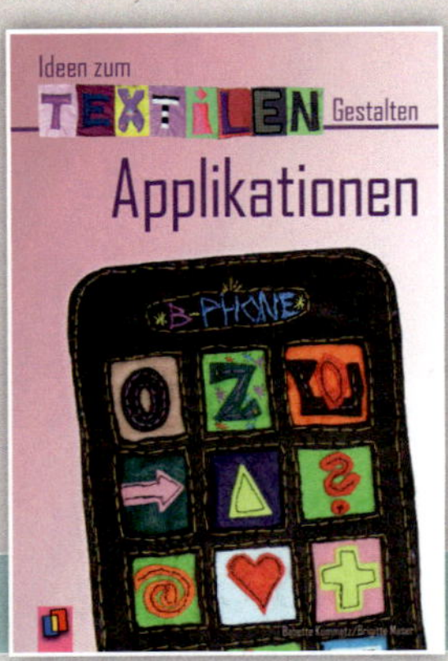

Ideen zum Textilen Gestalten

Applikationen

Kl. 5–10, 94 S., 16 x 23 cm, Paperback, farbig
ISBN 978-3-8346-0805-5

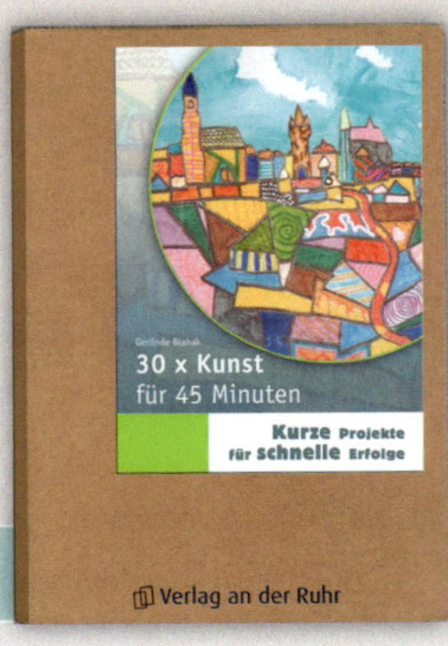

30 x Kunst für 45 Minuten

Kurze Projekte für schnelle Erfolge

Kl. 5–13, 77 S., A4, Hefter mit Kopiervorlagen
(mit farbigen Abbildungen)
ISBN 978-3-86072-922-9

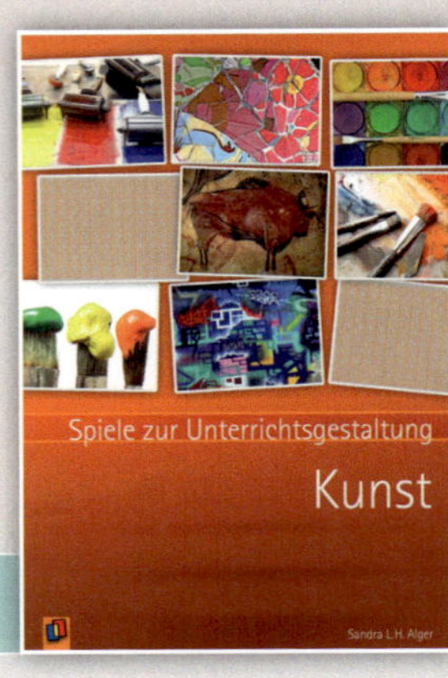

Spiele zur Unterrichtsgestaltung

Kunst

Kl. 5–13, 95 S., 16 x 23 cm, Paperback, farbig
ISBN 978-3-8346-0890-1

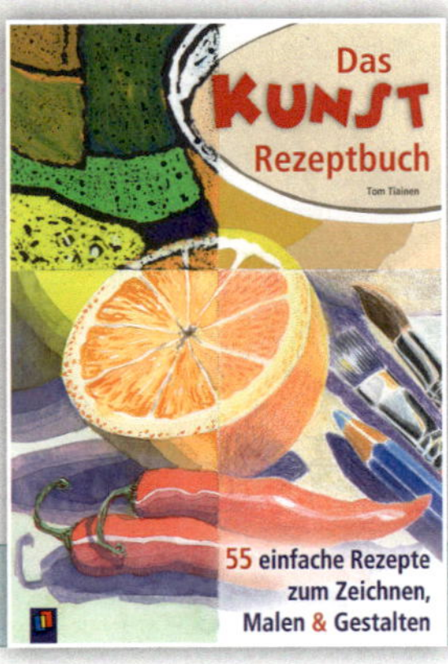

Das Kunstrezeptbuch

55 einfache Rezepte zum Zeichnen, Malen und Gestalten

Kl. 5–10, 119 S., A4, Paperback
(mit farbigen Abbildungen)
ISBN 978-3-8346-0232-9

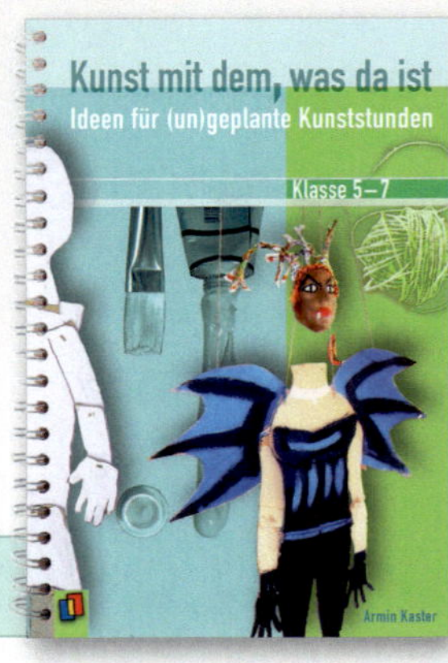

Kunst mit dem, was da ist

Ideen für (un)geplante Kunststunden
Klasse 5–7

Kl. 5–7, 96 S., 16 x 23 cm, Spiralbindung, farbig
ISBN 978-3-8346-0472-9

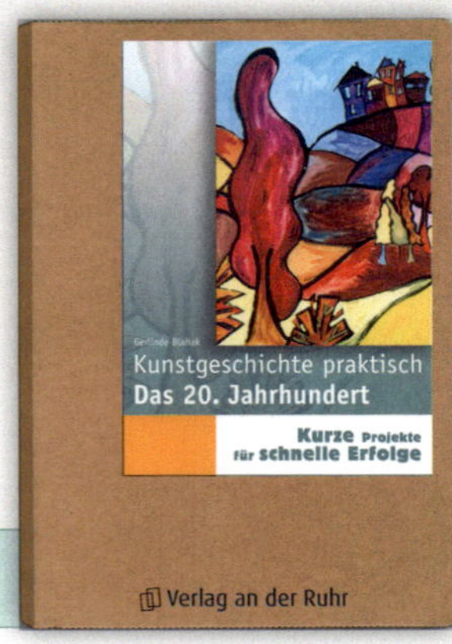

Kunstgeschichte praktisch

Das 20. Jahrhundert

Zeichnen, Malen und Gestalten

Kl. 7–10, 83 S., Hefter mit Kopiervorlagen
(mit farbigen Abbildungen)
ISBN 978-3-8346-0386-9

Zeichnen • Malen • Gestalten